AF309984

CÔTE DE CHERBOURG
CÔTES DE BREST
OUEST
PYRENEES ORIENT.
PYRENEES OCCID.
ITALI
NORD
SAMBRE ET MEUSE
ARDENNES
MOSELLE
RHIN
ALPES
LIBERTÉ   ÉGALITÉ
AUX ARMÉES
FRANÇAISES
VICTORIEUSES
DES PUISSANCES
COALISÉES.

EXPLOITS

DES

FRANÇAIS,

depuis le 22 Fructidor an I. jusqu'au 15 Pluviose an III.

de la République française.

8 Septembre 1793. ——— 3 Fevrier 1795.

PAR

LE CITOYEN CARNOT,

MEMBRE DU DIRECTOIRE EXÉCUTIF.

À BÂLE,

chez J. DECKER Libr.

1796.

DE L'IMPRIMERIE DE GUILLAUME HAAS FILS.

RAPPORT

FAIT À LA CONVENTION NATIONALE,

AU NOM DU COMITÉ DE SALUT PUBLIC,

PAR

CARNOT,

l'un de ses Membres;

le 14 *Ventose l'an troisième de la République française une et indivisible.*

....

Imprimé par ordre de la Convention nationale.

....

CITOYENS,

Dès l'ouverture de la campagne dernière le comité de salut public conçut le projet de recueillir et mettre en ordre les matériaux nécessaires pour en écrire l'histoire. Il forma pour cet objet, dans une partie du local qu'il occupe, un établissement particulier sous le nom de *Cabinet topographique et historique.* Dans cet établissement se trouvent des rédacteurs et des dessinateurs. Les uns s'occupent à analyser et classer les extraits de la correspondance des généraux et des représentans du peuple près les armées; les autres exécutent les plans et cartes, et tracent actions, positions et mouvemens de nos armées,

sont ces matériaux qui, rassemblés et comparés, serviront à former un jour un corps suivi de l'histoire militaire de la révolution.

Quelle entreprise pourrait nous inspirer un plus vif intérêt, que le récit de ces événemens mémorables qui ont fixé le sort de la République triomphante? Avec quelle avidité les enfans de nos braves défenseurs ne parcourront-ils pas ces annales de la gloire de leurs pères! Quel feu sublime ne développera pas dans ces jeunes cœurs le souvenir des traits héroïques auxquels leurs noms seront attachés! Quelle leçon de courage et de dévouement ne puiseront-ils pas dans de si nombreux et de si touchans exemples!

Les guerres que les rois se sont faites, ont été décrites, et presque toutes ces histoires sont des monumens emphatiques de flatterie et d'imposture; il faut que celle des héros qui ont fondé la liberté de leur patrie au prix de leur sang, le soit d'une manière digne de son objet, c'est-à-dire, avec une vérité scrupuleuse, avec cette énergique simplicité, cette philosophie animée, qui seules peuvent peindre les élans d'un caractère généreux, et d'un courage indomptable.

Toutes les vieilles routines, tous les préjugés militaires ont été frondés dans le cours de cette guerre. Il sera beau de voir, dans les fastes de la République, comment des recrues mal armées, sans habitude des exercices militaires, sans autre discipline que la confiance, souvent dénuées d'habillement et de subsistances, ont arrêté ce débordement de légions réunies contre elles de toutes les contrées de l'Europe; comment de bons cultivateurs, qui ne demandaient qu'amour et simplesse, forcés de combattre pour la défense de leurs foyers, menés par des chefs choisis parmi eux, chantant tous ensemble des hymnes à la liberté, ont vaincu et dispersé ces cohortes silencieuses et tacticiennes, conduites par les *nobles* coriphées de la science militaire.

La postérité répétera avec admiration les noms de ces hommes modestes qui, nés dans une classe autrefois dédaignée, ont surpassé tout d'un coup les *Turenne* et les *Luxembourg*; elle verra avec attendrissement et avec orgueil, que cette courte période de la campagne dernière ait fourni à l'histoire plus de traits particuliers de bravoure, plus de faits d'un héroïsme pur et sans ostentation, que toutes les guerres réunies des peuples les plus belliqueux, les Grecs et les Romains.

Sans doute la France aura aussi ses *Tacite*, pour acquitter la patrie reconnaissante envers ceux qui ont si bien mérité d'elle : votre comité de salut public a voulu leur préparer des matériaux ; et c'est l'objet du travail qui s'exécute sous ses yeux au *Cabinet topographique et historique*.

En attendant, et pour satisfaire la juste impatience des citoyens attachés à la gloire de leur patrie, le comité a fait dresser le tableau chronologique des principales victoires ou actions qui ont rempli cette immortelle campagne. C'est une espèce de précis ou table générale, commençant à la bataille d'*Honscoote* et finissant à la prise de *Roses*.

Voici le résumé général de ce Tableau.

Vingt - sept victoires, dont huit en batailles rangées.

Cent vingt combats de moindre importance.

Quatre - vingt mille ennemis tués.

Quatre - vingt onze mille faits prisonniers.

Cent seize places fortes ou villes importantes, dont trente - six après siège ou blocus.

Deux cent trente forts ou redoutes.

Trois mille huit cents bouches à feu.

Soixante - dix mille fusils.

Dix - neuf cents milliers de poudre.

Quatre - vingt - dix drapeaux.

Quoique l'intervalle de la bataille d'*Honscoote* à la prise de *Roses* soit de dix - sept mois, nous le regardons comme une seule campagne, parce que, par une singularité qui n'est pas la moins remarquable de cette époque extraordinaire, les troupes ont été pendant tout ce temps dans une activité continue; que presque nulle part elles n'ont pris de quartier d'hiver, et que c'est pendant l'hiver même, l'un des plus rigoureux dont on se souvienne, que les plus belles expéditions ont été faites.

Votre comité m'a chargé de vous présenter ce tableau, et de vous proposer d'ordonner qu'il demeure affiché dans le lieu de vos séances; il a pensé qu'il ne pouvait se trouver une occasion plus favorable, que celle où va s'ouvrir une nouvelle campagne, qui sans doute ne sera pas moins belle que la précédente; car les armées françaises ne dégénéreront point de leur gloire.

Votre comité vous demande aussi l'impression
en livret de ce même tableau, et l'envoi aux armées, aux corps administratifs et aux municipalités.

C'est un tribut de reconnaissance que la Convention nationale s'empressera de donner à nos
braves défenseurs.

Le comité de salut public vous propose ce projet
de décret:

ART. I. LE TABLEAU de la campagne des
Français, depuis le 8 septembre 1793 jusqu'au 15
pluviose de l'an 3 de la République, présenté le
14 ventose, présent mois, par le comité de salut
public, demeurera affiché dans le lieu des séances
de la Convention nationale.

II. Le même tableau imprimé en livret sera
distribué aux représentans du peuple, envoyé aux
armées, aux corps administratifs et aux municipalités.

Le projet de décret est adopté.

CAMPAGNE
DES
FRANÇAIS,

depuis le 22 Fructidor an Ier jusqu'au 15 Pluviose
de l'an III. de la République française,
8 *Septembre* 1793. — 3 *Février* 1795.

ARMÉES		Fruct. an I. Sept. 1793.
NORD	**HONSCOOTE ou HONDTSCHOOTE.** *HOUCHARD, Général en chef.* Bataille d'Honscoote , gagnée par seize mille Républicains, contre dix-huit mille hommes de troupes coalisées. Six mille ennemis tant tués que blessés.	22. 8.
ARDENNES	**HASTIR ou HASTIÈRES,** près Givet. *LOISON, Commandant.* Enlévement des postes d'Hastiéres ; perte considérable des ennemis.	22. 8.
ITALIE	**BROUIS, et autres Postes aux** environs de Sospello. *DUMERBION, Général en chef.* Déroute complète des Piémontais repoussés des postes de Brouis, Hutel et Levenzo. Deux mille ennemis tués.	22. 8.

ARMÉES		Fruct. an I. Sept. 1793.
NORD	**DUNKERQUE et BERGUES.** *HOUCHARD, Général en chef.* Fuite précipitée du duc d'York ; retraite de quarante mille Anglais, Hessois et coalisés, forcés par suite de la bataille d'Honscoote, de lever le blocus de Dunkerque et de Bergues. Prise de cinquante-deux canons et de trois cents milliers de poudre.	23. 9.
ALPES	**PLAINE D'AIGUEBELLES** **en Maurienne.** *LEDOYEN, Commandant.* Avantage des Républicains dans la plaine d'Aiguebelles ; déroute des Piémontais devant des forces inférieures. Quarante ennemis tués.	25. 11.
RHIN	**DAHNBRUCK, BLEISWEILER, NIDERRORBACH, BARBEL-ROTH, et Forêt de BIENVALD.** *LANDREMONT, Commandant en chef.* Expulsion de l'ennemi attaqué sur tous les points, de ses postes au Dahnbruck et dans la forêt de Bienvald près Lauterbourg ; les émigrés campés	26. 12.

10

ARMÉES		Fruct. an I. Sept. 1793.
	près Barbelroth et Bleisweiller, mis en déroute, sont poursuivis jusqu'à Niderhorbach. Deux batteries emportées, un obusier et trois canons encloués, une pièce de vingt-cinq démontée, toute une compagnie d'artillerie prisonnière, ẽt cent chevaux tués.	
NORD	**WERWICK et COMINES.** *HÉDOUVILLE,* *BERU,* *MACDONALD,* } *Commandans.* Combat à Werwick et Comines; prise de quarante-huit canons. Deux mille ennemis prisonniers.	27. 13.
ALPES	**ÉPIERRE et BELLEVILLE en Maurienne.** *LEDOYEN, Commandant.* Expulsion de l'ennemi des hauteurs de Belleville; prise de la redoute et des retranchemens d'Épierre. Grand nombre d'ennemis tués, dix-neuf prisonniers.	27. 13. et et 28. 14.

ARMÉES		Fruct. an I. Sept. 1793.
RHIN	**NOTHWEILLER, et BUNDENTHAL.** *LANDREMONT, Général en chef.* Enlèvement à la baïonnette du camp retranché de Nothweiller, l'ennemi est poursuivi jusqu'au de-là de Bundenthal. Prise de deux canons et de quinze cents fusils.	28. 14.
OUEST	**MONTAIGU.** *CANCLAUX, Général en chef.* Victoire remportée par les Républicains, près de Montaigu.	30. 16.
PYRÉNÉES OCCID.	**URDACH, en Espagne.** *MULLER, Commandant en chef.* Avantage sur les Espagnols à Urdach, dans la Vallée de Bastan. Grand nombre d'ennemis tués.	30. 16.
PYRÉNÉES ORIENT.	**VERNET et PÉYRES-TORTES.** *DAOUST, Général en chef.* Reprise du poste de Vernet et de six pièces de canon, par quinze cents Français. Bataille à Péyres-Tortes, gagnée par sept mille cinq cents Français sur quatorze mille Espagnols.	Complém. I. 17.

ARMÉES		Complém.I. Sept. 1793.
	Déroute complète de l'ennemi ; prise de son camp, de vingt-six canons, quatre obusiers, et de quantité d'or et d'argent. Neuf cents ennemis tués, douze cents blessés, seize cents prisonniers.	
PYRÉNÉES ORIENT.	**STERRY**, près le Port de Paillas. *SAHUGUET, Commandant.* Prise de vive force de Sterry par les Républicains, de trente mille cartouches et de beaucoup d'effets de campement.	2.18.
Idem	**VILLEFRANCHE, PRADES.** *GILLY,* *DAVID,* } *Commandans.* Prise de Villefranche, et du camp de Prades, de deux pièces de canon et d'une grande quantité de tentes.	5.21.
Idem	**ESCALO, LABORSY.** *SAHUGUET, Commandant.* Prise de ces deux postes sur les Espagnols, dont beaucoup de tués et prisonniers.	5.21.

ARMÉES		Vend. an 2.	Sept. 1793.
ALPES	**CHATILLON.** *VERDELIN, Commandant.* Enlèvement de vive force des retranchemens de Châtillon, sur les Piémontais, mis en déroute et forcés de repasser la rivière de Giffe. Grand nombre d'ennemis tués.	4.	25.
Idem	**GORGES DE SALLANCHE,** **près Cluses.** *VERDELIN, Commandant.* Défaite de l'ennemi dans les gorges de Sallanche ; prise de la redoute Saint-Martin et de dix canons. Grand nombre d'ennemis tués, cent vingt-un prisonniers.	7.	28.
Idem	**MONT-CORMET.** *CHAMBERLHAC, Commandant.* Enlèvement de vive force des retranchemens du Mont-Cormet par cinq cents Républicains, qui repoussent mille Piémontais retranchés dans ce poste, avec du canon. Nombre d'ennemis tués et blessés.	9.	30.

ARMÉES		Vend. an 2. / 2 Oct. 1793.
ALPES	**VAL-MENYER.** *PRIST, Commandant.* Enlèvement à la baïonnette du poste de Val-Menyer ; prise de deux canons, de beaucoup de tentes, équipages et munitions. Soixante ennemis tués, quatre-vingts prisonniers.	11. 2.
Idem	**BEAUFORT.** *SAINT-ANDRÉ,* *CHAMBERLHAC,* } *Commandans.* Enlèvement de vive force du poste de Beaufort.	11. 2.
Idem	**MOUTIERS et BOURG SAINT-MAURICE.** *KELLERMANN, Général en chef.* Prise de Moutiers et du Bourg Saint-Maurice ; expulsion de l'ennemi du territoire du Mont-Blanc.	11. 2.
Idem	**COL DE LA MADELAINE,** au - dessous de Saint - Jean - de - Maurienne. *LEDOYEN, Commandant.* Enlèvement de vive force du poste important du Col de la Madelaine. Grand nombre d'ennemis tués, douze faits prisonniers.	11. 2.

ARMÉES		Vend. an 2. Oct. 1793.	
PYRÉNÉES ORIENT.	**LE BOULON et ARGÉLÈS,** près Collioure. *DELÂTRE, Commandant.* Enlèvement des camps Espagnols du Boulon et Argélès; prise d'un canon, de deux mortiers et de quantité de munitions.	12.	3.
Idem	**CAMPREDON.** *DAGOBERT, Commandant.* Prise de Campredon, fuite des Espagnols, évasion des habitans.	13.	4.
Idem	**Près de VILLELONGUE.** *DELÂTRE, Commandant.* Combat entre la garnison de Collioure et la cavalerie espagnole ; déroute des ennemis. Grand nombre de tués, trente - six prisonniers.	13.	4.
PYRÉNÉES OCCID.	**ARRAN, VALLÉE D'AURE.** *LASALLE,* *MASCARON,* } *Commandans.* *DAT,* Enlèvement des postes d'Arran et de la vallée d'Aure, après une attaque sur trois colonnes. Retraite de l'ennemi.	13.	4.

ARMÉES		Vend. an 2.	Oct. 1793.
MOSELLE	**BITCHE et RORBACH.** *DELAUNAY, Commandant.* Combat et retraite précipitée des coalisés qui s'étaient portés sur Bitche et Rorbach, avec douze mille hommes et quatorze pièces de canon. Cinquante ennemis tués.	24.	15.
Idem	**SARGUEMINES.** *DELAUNAI, Commandant.* Combat près de Sarguemines, l'ennemi repoussé avec perte de trente hommes, et un obusier démonté.	25.	16.
NORD	**WATTIGNIES, près Maubeuge.** *JOURDAN, Général en chef.* Bataille de Wattignies, gagnée sur les Autrichiens après deux jours de combat et trois charges à la baïonnette; levée du blocus de Maubeuge. Six mille Autrichiens tués.	25. & 26.	16. & 17.
ITALIE	**GILLETTE.** *DUGOMMIER, Général en chef.* Avantage de six cents Républicains, qui se battent pendant dix heures sans	27.	18.

ARMÉES		Vend. an 2. Oct. 1793.
	artillerie, et repoussent quatre mille Autrichiens, Croates et Piémontais, soutenus par six pièces de canon. Grand nombre d'ennemis tués, quatre-vingt-huit prisonniers.	
ITALIE	**GILLETTE.** *DUGOMMIER, Général en chef.* Victoire complète sur les Piémontais à Gillette, enlèvement de redoutes à la baïonnette, prise de deux canons.	28. 19.
PYRÉNÉES OCCID.	**URRUGUE, près St.-Jean-de-Luz.** *JACOB-ROUCHET, Commandant.* Déroute de trois colonnes espagnoles, après une fusillade de cinq heures. Perte considérable de l'ennemi.	30. 21.
Idem	**VALLÉE DE BAIGORY.** *DUBOUQUET, Général-Commandant.* Avantages sur les Espagnols dans la vallée de Baigory. Cent cinquante ennemis tués, onze prisonniers.	Brumaire. 1. 22.

ARMÉES		Brumaan 2. Oct. 1793.
NORD	**WARNETON, COMINES, WERWICK.** *SOUHAM, Commandant.* Enlèvement des postes de Warneton, Comines, Werwick, Roncq, Alluin, Menin, Furnes, et Poperingues. Prise de sept canons, quarante ennemis tués, cinq cents prisonniers.	1. 22.
ITALIE	**UTEL ou HUTEL.** *DUGOMMIER, Général en chef.* Défaite à Utel de cinq mille ennemis, par neuf cents Républicains, après onze heures de combat.	1. 22.
RHIN	**BREITENSTEIN.** *BURCY, Commandant.* Attaque du poste de Breitenstein par les Autrichiens; l'ennemi repoussé avec une perte considérable.	2. 23.
PYRÉNÉES ORIENT.	**En avant de VILLELONGUE.** *SOULETRAC,* *MEYNARD,* } *Commandans.* Reprise à la baïonnette d'une batterie ennemie en avant de Villelongue. Cent ennemis tués; trente-deux prisonniers.	9. 30.

ARMÉES		Brum. an 2. Nov. 1793.
OUEST	**GRANDVILLE.** . . . . . . *Commandant.* Défaite des rebelles de la Vendée sous les murs de Grandville.	24. 14.
RHIN	**Près STRASBOURG.** *PICHEGRU, Général en chef.* Surprise et enlèvement de trois postes ennemis.	26. 16.
MOSELLE	**BITCHE.** *BARBA, Commandant.* Défaite de quatre mille Prussiens devant Bitche, grand nombre de tués. Cent cinquante prisonniers.	27. 17.
Idem	**LÉBACH.** *AMBERT, Commandant.* Déroute complète des Autrichiens près Lébach, grand nombre de fantassins et cent trente cavaliers faits prisonniers, cent chevaux pris.	27. 17.
Idem	**BISING, BLIES-CASTEL.** *HOCHE, Général en chef.* Prise de Bising et Blies-Castel, après un combat ; sept cents ennemis tués.	27. 17.

ARMÉES		Bruma an 2. Nov.1793.
R H I N	**NEUVILLER.** *PICHEGRU, Général en chef.* Enlèvement de vive force du poste de Neuviller et de quatre autres environnans.	28. 18.
Idem	**WANTZENAU.** *PICHEGRU, Général en chef.* Prise d'une forte redoute et de sept pièces de canon près de Wantzenau.	28. 18.
Idem	**Environs de BOUXWEILLER.** *BURCY, Commandant.* Enlèvement de deux redoutes formidables près de Bouxweiller.	29. 19.
Idem	**BOUXWEILLER, BRUMPT, HAGUENAU.** *PICHEGRU, Général en chef.* Combats successifs et enlèvement de tous ces postes par les Français ; déroute de l'ennemi.	Frimaire 1. 21. au au 3. 23.

ARMÉES		Frim. an 2.	Nov. 1793.
ITALIE	**CASTEL-GENESTE, BREC, FIGARETTO.** *MASSENA, Commandant.* Défaite de huit cents Piémontais par cinq cents Français à Castel-Geneste et à Brec, après deux combats successifs. Prise de Figaretto et de trois cents tentes; grand nombre d'ennemis tués, soixante prisonniers.	4.	24.
NORD	**HOUTEM, WERWICK.** *SOUHAM, Commandant.* Attaque de tous les postes ennemis, sur la Lys; cent cinquante ennemis tués, cent quarante prisonniers.	10.	30.
RHIN	**LANDGRABEN, GAMBSHEIM.** *DESAIX, Commandant.* Enlèvement de la redoute du pont du Landgraben et des retranchemens de Gambsheim; perte considérable de l'ennemi.	Décemb. 11.	1.
ARDENNES	**Entre FALMAGNE et FALMIGNOULE, près Givet.** *ROSTOLANT, Adjudant-général-commandant.* Vigoureuse sortie de la garnison de	12.	2.

ARMÉES		Frim. an 2. Dec. 1793.
	Givet, qui tue beaucoup d'ennemis et ne perd que cinq à six hommes, entre Falmagne et Falmignoulé.	
RHIN	**Près du BOIS DE GAMBSHEIM.** *DIETTMANN,* *DESAIX,* } *Commandans.* *COMBÉS,* Combat ; l'ennemi repoussé perd soixante hommes tués, on lui prend cinquante chevaux.	12. 2.
Idem	**OFFENDORFF, DRUZENHEIM.** *PICHEGRU, Général en chef.* Expulsion de l'ennemi du village d'Offendorff, il est poursuivi jusqu'à Druzenheim.	14.4.
Idem	**DAWENDORFF,** entre Bouxweiller et Haguenau. *PICHEGRU, Général en chef.* *LATOURNERIE, Capitaine commandant la vingtième compagnie d'artillerie volante.* Prise des hauteurs de Dawendorff, après une action très-vive.	19. 9.

ARMÉES.		Frim. an 2. 22.12	Dec. 1793.
OUEST.	**LE MANS.** *MARCEAU, Commandant.* Victoire remportée sur les rebelles, près et dans la ville de Mans.	22.12	
PYRÉNÉES OCCID.	**près SAINT-JEAN-DE-LUZ.** *MULLER, Général en chef.* Déroute des Espagnols, forcés de repasser la Bidassoa, après une perte considérable.	23.13.	
MOSELLE.	**DAHNBRUCK et LEMBACH.** *BONNEAU,* *GRANGERET,* } *Généraux-commandans.* *TAPONNIER,* Enlèvement de vive force, par trois différentes divisions de l'armée, des hauteurs de Marsal, du Dahnbruck et de Lembach.	25.15.	
ITALIE.	**PROMONTOIRE de L'AIGUIL-LETTE près TOULON.** *DUGOMMIER, Général en chef.* Enlèvement de vive force des retranchemens et redoutes qui défendaient Toulon. Prise de treize pièces de canon,	25.15.	

ARMÉES		Frim. an 2.	Déc. 1793.
ITALIE	**TOULON.** *DUGOMMIER, Général en chef.* Prise de Toulon; fuite précipitée des Anglais et des Espagnols. Douze cents ennemis tués.	26.	16.
ARDENNES	**BOIS de JAMAIQUE, près Philippeville.** *HARDI, Commandant.* Combat près le bois de Jamaïque, entre une partie de la garnison de Givet et les Autrichiens. L'ennemi repoussé avec perte.	27.	17.
PYRÉNÉES ORIENT.	**Hauteurs près VILLELONGUE.** *DOPPET, Commandant.* Enlèvement à la baïonnette par deux mille cinq cents Français, des hauteurs près Villelongue. Prise de seize canons, de deux obusiers, d'un mortier; le reste des canons encloués; cinq cents ennemis tués, cent prisonniers.	29.	19.

ARMÉES		Niv. an 2. Dec. 1793.
RHIN et **MOSELLE** réunies	**WÖRDT, REISHOFFEN** et **GUNDERSHOFFEN.** *HOCHE. Général en chef.* Défaite de l'ennemi à Wördt, enlèvement à la baïonnette de plusieurs redoutes. Prise de seize canons, et de vingt-quatre caissons; trois cents ennemis tués ou blessés, cinq cents prisonniers.	2. 22.
Idem	**BISCHWEILLER, DRUZEN-HEIM, HAGUENAU.** *PICHEGRU, Général.* Enlèvement de tous les retranchemens de Bischweiller, Druzenheim et Haguenau. Prise de plusieurs canons et caissons, et de quantité de munitions. Mille prisonniers.	3. 23
Idem	**OBERSEEBACH.** *HOCHE, Général en chef.* Déroute de l'ennemi, chargé jusqu'à six fois; grand nombre de morts et de blessés.	5. 25

ARMÉES		
RHIN et MOSELLE réunies	**GEISBERG.** *VERNET, Commandant septuagénaire.* Prise du château de Geisberg, et de deux pièces de canon.	Niv. an 2 Dec. 1793 5. 25.
Idem	**LIGNES de la LAUTER et WEISSEMBOURG.** *HOCHE, Général en chef.* Évacuation forcée des lignes de la Lauter, de Weissembourg, et levée du blocus de Landau par l'ennemi.	5.25. et 6. 26.
RHIN	**GERMERSHEIM et SPIRE.** *HOCHE, Général en chef.* Enlèvement des postes de Germersheim et Spire, prise de magasins considérables de vivres et de fourrages.	7. 27.
RHIN et MOSELLE réunies	**Entre GERMERSHEIM et FRANKENTHAL.** *HOCHE, Général en chef.* Poursuite de l'ennemi et combats multipliés entre l'avant-garde française et l'arrière-garde ennemie. Cent vingt ennemis tués, soixante prisonniers.	Janv. 1794. 14. 3.

ARMÉES		Niv. an ii. Janv. 1794.
NOIR-MOUTIER	**NOIRMOUTIER.** *HAXO, Commandant.* Prise sur les rebelles de l'île de Noirmoutier, de cinquante pièces d'artillerie et de huit cents fusils.	14. 3.
RHIN et MOSELLE réunies	**WORMS.** *HOCHE, Général en chef.* Prise de Worms, après la retraite forcée des ennemis.	17. 6.
PYRÉNÉES OCCID.	**MONTAGNE DE LOUIS XIV,** près Ispeguy. *LAROCHE, Général de Brigade, Commandant.* Surprise et enlèvement de vive force du poste de la Montagne de Louis XIV, par quatre cents Républicains ; destruction de tous les ouvrages espagnols.	23. 12.
RHIN et MOSELLE réunies	**FORT-VAUBAN.** *HOCHE, Général en chef.* Les ennemis font une sortie du Fort-Vauban. Combat opiniâtre. Ils sont repoussés avec perte de deux pièces de canon et de quarante prisonniers.	27. 12.

ARMÉES		
RHIN	**FORT - VAUBAN.** *HOCHE, Général.* Évacuation totale du département du Bas Rhin, par les coalisés. Réprise du Fort - Vauban.	Niv. an 2. Janv. 1794. 29. 18.
PYRÉNÉES OCCID.	**COL d'HARRIETTE,** **près d'Ispeguy.** *LEFRANC, Chef de Brigade, Commandant.* Enlèvement à la baïonnette, par deux cents Français, de la redoute d'Harriette, près Ispeguy. Huit ennemis tués, quarante - sept prisonniers.	Pluviose 2. 21.
Idem.	**URRUGUE, et S^t.-JEAN-de-LUZ,** **ou CHAUVIN - DRAGON.** *MULLER, Général en chef.* *FRÉGEVILLE, Commandant.* Déroute de quinze mille Espagnols postés à Urrugue et Chauvin-Dragon, par cinq mille Républicains. Douze cents ennemis tués.	Février 17. 6.

ARMÉES		
PYRÉNÉES OCCID.	**SARE et BERRA.** *DUPRAT, Commandant.* Déroute complète des Espagnols à Sare et Berra.	Pluv. an 2. 5 Fevr. 1794. 17. 5.
RHIN	**OGGERSHEIM.** *DESAIX, Commandant.* Enlèvement de vive force du poste d'Oggersheim par les Français. Prise d'une grande quantité de vivres et de fourrages. Cent quatre ennemis faits prisonniers.	Ventose 1. 19.
ARDENNES	**SOUMOY, CERFFONTAINE,** près Philippeville. *HARDY,* *ROSTOLLANT,* } *Commandans.* Combat près Soumoy et Cerffontaine, défaite de l'ennemi. Quarante Autrichiens tués, quatre-vingts blessés.	Mars 16. 6.
MOSELLE	**HAUTEURS ET FORGES DE JÆGERTHAL.** *TAPONIER, Commandant.* Défaite de trois bataillons Autrichiens sur les hauteurs des Forges de Jægerthal. Prise de deux drapeaux.	18. 8.

ARMÉES		Germinal an 2. Mars 1794.
MOSELLE	**APACH au Nord de SIERCK.** *LEFEVRE, Commandant.* Avantage contre les Prussiens qui attaquent les avant postes d'Apach. L'ennemi repoussé avec perte.	5. 25.
PYRÉNÉES OCCID.	**SAINT-MICHEL, à 2 lieues de SAINT-JEAN-DE-LUZ.** *MAUCO,* *ENCHOPS,* } *Commandans.* Enlèvement de vive force du retranchement d'Ozoné près Saint-Michel; fuite des Espagnols.	Avril 14. 3.
Idem	**ANDAYE.** *FRÉGEVILLE, Commandant.* Défaite des Espagnols près Andaye; nombre d'ennemis tués et blessés.	17. 6.
ITALIE	**FOUGASSE.** *DJANNET, Commandant.* Enlèvement, par six cents Français, après huit heures de combat, du camp de Fougasse, occupé par deux mille hommes Piémontais et Autrichiens.	17. 6.

ARMÉES			German an 2. Avr. 1794.
ITALIE	**BREGLIO**, dans le comté de Nice. *MACQUART, Commandant.* Enlèvement de tous les postes aux environs de Breglio. Prise d'un canon, d'un fusil de rempart et de quantité de munitions.		18. 7.
Idem	**ONEILLE.** *MOURET, Commandant.* Prise d'Oneille, de treize bouches à feu et de six cents fusils.		19. 8.
PYRÉNÉES ORIENT.	**MONTEILLA et URGEL.** *DAGOBERT, Commandant.* Défaite des Espagnols à Monteilla. Prise d'Urgel et de sept pièces de canon. Grand nombre de prisonniers.		21. 10.
ARDENNES	Entre **VILLIERS** et **FLORENNE,** à une lieue Nord - Est de **PHILIPPEVILLE** ou **VEDETTE RÉPUBLICAINE.** *CHARBONNET, Général [illegible]* [illegible] Avantage signalé remporté par un faible détachement sorti de Philippeville.		21. 10.

ARMÉES		Germ. an 2. Avr. 1794.
	(ou Vedette Républicaine), qui chasse l'ennemi du bois situé entre Villiers et Florenne, et le met en déroute, après lui avoir tué soixante dix hommes et fait plusieurs prisonniers.	
MOSELLE	**Hauteurs de TIFERDANGE.** *DABONVAL, Commandant.* Combat d'une compagnie du premier bataillon du Haut Rhin, et de quatre-vingts chasseurs Républicains, contre soixante hussards de Wurmser, et quatre cents paysans armés. Les hussards mis en fuite; les paysans taillés en pièces.	26. 15.
Idem	**Hauteurs de MERTZIG.** *VINCENT, Commandant.* Occupation des hauteurs de Mertzig, après avoir repoussé l'ennemi.	27. 16.
ITALIE	**PONTE DI NEVA,** **sur le TANARO.** *MASSENA, Commandant.* Défaite de quinze cents Autrichiens à Ponte di Neva; cent ennemis tués	27. 16.

ARMÉES		Germ. an 2 Avr. 1794
ITALIE	ORMÉA dans le Comté de CÉVA. *MASSENA*, *Commandant.* Prise d'Orméa, de douze canons, quarante barils de poudre, et de trois mille fusils. Quatre cents ennemis prisonniers.	28. 17.
MOSELLE	ARLON. *JOURDAN*, *Général en chef.* Bataille gagnée, prise d'Arlon. Déroute complète de l'ennemi. Vingt-deux canons, trois caissons.	29. 18.
ARDENNES	AUSSOY, près de PHILIPPE-VILLE. *CHARBONNIÉ*, *Général-commandant.* Déroute complète de l'ennemi, après un combat de douze heures aux environs d'Aussoy. Deux cents Autrichiens tués.	3 Floréal 3. 22.
RHIN	Près de KURWEILLER. *MICHAUD*, *Général en chef.* Victoire remportée après un combat opiniâtre.	4. 23.

ARMÉES		Flor. an 2. Avr. 1794
	Le champ de bataille resté aux Français ; huit cents ennemis tant tués que blessés.	
ALPES	**MONTS VALAISAN et SAINT-BERNARD, Poste de LA THUILE.** *BAGDELONE, Commandant.* Enlèvement de vive force de toutes les redoutes des monts Valaisan et Saint-Bernard, et du poste de la Thuile. Prise de vingt bouches à feu, deux cents fusils, quatorze espingoles, et quantité d'obusiers. Cent ennemis tués, deux cents prisonniers.	5. 24.
PYRÉNÉES OCCID.	**ARNÉGUY, IRAMÉNACA ou IRAMÉACA.** *HARISPE, Commandant.* Déroute des Espagnols et des émigrés repoussés des postes d'Arnéguy et d'Iraméaca. Quatre-vingts ennemis tués, lui faits prisonniers.	7. 26.

ARMÉES		Flor. an 2. Avr. 1794
	Hauteurs de BOSSU, BEAUMONT.	
	CHARBONNIÉ, } *Généraux-* *DESJARDINS,* } *Commandans.*	
ARDENNES	Victoire remportée après quatre heures d'une résistance opiniâtre. Enlèvement de vive force des hauteurs de Bossu; perte considérable de l'ennemi; entrée et réunion des armées des Ardennes et du Nord dans Beaumont.	7. 26.
	COURTRAY.	
	PICHEGRU, Général en chef. *DAENDELS,* Commandant.	
NORD	Prise de Courtray après une bataille générale sur toute la ligne, depuis Dunkerque jusqu'à Givet; prise de trois pièces de canon et de plusieurs magasins.	7. 26.
	ROCHER D'ARROLA.	
	HARISPE, Commandant.	
PYRÉNÉES OCCID.	Enlèvement de vive force du poste du Rocher d'Arrola.	7. 26.

ARMÉES		Flor. an 2. Avr. 1794.
PYRÉNÉES OCCID.	**CRÊTE DE ROQUELUCHE.** *MAUCO, Commandant.* Déroute de quatre mille hommes d'infanterie, et de dix escadrons de cavalerie espagnole, repoussés à la baïonnette. Perte considérable de l'ennemi.	7. 26.
PYRÉNÉES ORIENT.	**OMS et PONT DE CÉRET.** *DUGOMMIER, Général en chef.* Expulsion de dix mille ennemis du village d'Oms, par trois mille républicains. Enlèvement des Gorges et du Pont de Céret.	8. 27. et et 10. 29.
NORD	**MONT-CASSEL.** *SOUHAM, Commandant.* Victoire à Mont-Castel, sur vingt mille Autrichiens. Prise de trente-deux canons et de deux drapeaux; quatre mille ennemis tués.	10. 29.

ARMÉES		Flor. an 2. Avr. 1794.
NORD	**MENIN.** *MOREAU,* *VANDAMME,* } *Commandans.* Prise de Menin et d'une grande quantité d'artillerie. Quinze cents ennemis tués.	10. 29.
ITALIE	**SAORGIO.** *MASSENA,* *MACQUART,* } *Commandans.* Victoire sur les Piémontais. Prise de Saorgio, de l'artillerie enne-mie, et de quantité de munitions.	10. 29.
PYRÉNÉES ORIENT.	**LES ALBÈRES, REDOUTE DE MONTESQUIEU.** *DUGOMMIER,* *Général en chef.* Bataille gagnée sur les Espagnols aux Albères. Enlèvement de la fameuse redoute de Montesquieu. Prise de deux cents pièces de canon ; grand nombre d'ennemis tués ; deux mille prisonniers.	11. 30. et et 12. 1. Mai

ARMÉES		Flor. an 2. Mai 1794.	
RHIN	**LAMBSHEIM** et **FRANKENTHAL.** *MICHAUD, Général en chef.* Prise de Lambsheim et de Frankenthal par les Français; les portes de cette dernière ville sont enfoncées à coups de canon.	12.	1.
PYRÉNÉES ORIENT.	**CAP BÉARN, COLLIOURE,** et **PUYS-DE-LAS-DAINES.** *DUGOMMIER,* *MICAS,* *GUILLOT,* *LEPELLETIER,* } *Généraux Commandans.* Occupation par les Français des hauteurs du Cap Béarn et du Puys-de-las-Daines, où six mille hommes arrivent à travers les plus nombreux obstacles. Commencement du siége de Collioure.	15.	4.
ALPES	**FORT MIRABOUCK, POSTES** **DE VILLENEUVE DES PRATS.** *LAIRE, Commandant.* Prise du Fort Mirabouck, après quatorze heures d'attaque. Enlèvement des Postes de Villeneuve des Prats.	20.	9.

ARMÉES		Flor. an 2. Mai 1794.
ALPES	**REDOUTE DE MAUPERTUIS.** *LAIRE, Commandant.* Prise de la redoute de Maupertuis; retraite précipitée de quatorze cents Piémontais à l'approche de six cents Français.	20. 9.
ARDENNES	**THUIN.** *MARCEAU, Commandant.* Prise de Thuin par les Français après un combat opiniâtre. Enlèvement à la baïonnette, de tous les retranchemens autrichiens.	21. 10.
NORD	**Devant TOURNAI, devant COURTRAY et INGEL-MUNSTER.** *SOUHAM, DAENDELS,* } *Commandans.* Défaite des ennemis devant Tournai; prise de onze pièces de canon; douze cents hommes tués. Combat de sept heures devant Courtray; déroute complète de l'ennemi; prise de plusieurs canons et caissons; cent cinquante prisonniers. Déroute de l'ennemi à Ingelmunster; grand nombre de tués; prise de quatre canons.	21. 10. 22. 11. 23. 12.

ARMÉES		Flor. an 2. Mai 1794.

CAMP DE MERBES.

DESJARDINS, Général de division, Commandant.

| ARDENNES | Enlèvement de tous les ouvrages du camp de Merbes, d'où l'ennemi est forcé de se retirer sous le canon de Grandreng. | 23. 12. |

L'armée commandée par Desjardins, charge sous le feu des batteries ennemies, en criant *vive la République !*

Au passage de la Sambre (le 23), les grenadiers du 49. régiment, ci-devant Vintimille, s'élancent à l'eau pour soutenir les tirailleurs.

Ce 49. régiment met en déroute la légion de Bourbon (le 24.)

Le 68. régiment, ci-devant Beauce, soutient seul, sur un pont, l'attaque des Autrichiens de beaucoup supérieurs, quoiqu'en butte à l'artillerie, et conserve son poste.

GRANDRENG, à trois lieues Nord-Ouest de Beaumont.

DESJARDINS, Général de division, Commandant.

| Idem | Combat opiniâtre ; prise et reprise trois fois, du village de Grandreng. | 24. 13. |

ARMÉES		Flor. an II Mai 1794.
ALPES	**MONT-CÉNIS.** *DUMAS,* *BAGDELONE,* } *Commandans.* Enlèvement de vive force, des redoutes des Rivets, de la Ramasse, et autres postes sur le Mont-Cénis. Fuite précipitée des Piémontais poursuivis à plus de trois lieues. Prise de leurs artillerie, équipages et munitions. Grand nombre d'ennemis tués; neuf cents prisonniers.	Nuit du 24. au 25. 13.
PYRÉNÉES ORIENT.	**COLLIOURE.** *DUGOMMIER, Général en chef.* Sortie de la garnison de Collioure; trois mille Espagnols repoussés avec perte; grand nombre de prisonniers. Le Général en chef des Français, blessé dans cette action.	27. 16.
NORD	**MOESCROEN ou MOUCRON.** *THIERRY, Commandant.* Défaite de l'ennemi à Moucron; enlèvement à la baïonnette, de ses retranchemens. Prise de quatre canons; quatre cents prisonniers.	29. 18.

ARMÉES		Flor. an 2. Mai 1794.
N O R D	**Entre MENIN et COURTRAY.** *SOUHAM, Commandant.* Bataille gagnée sur les coalisés, entre Menin et Courtray. Fuite précipitée du duc d'York. Prise de soixante-cinq pièces de canon. Grand nombre d'ennemis tués.	29. 18.
ARDENNES	**BOUILLON vers CURFOZ.** *DUFOUR, Commandant du bataillon de F^{er}.* Glorieuse résistance de quinze cents Français qui s'opposent à la marche de quatorze mille Autrichiens vers Curfoz. Valeur signalée de cent cinquante jeunes gens de la première réquisition, qui tiennent en échec toute la droite de l'armée de Beaulieu devant Bouillon.	29. 18.
PYRÉNÉES OCCID.	**GRANDE MÂTURE ROYALE,** *DUPEYRON, Chef de bataillon.* Enlèvement de six magasins ennemis, évalués plus d'un million. Rupture des écluses de la Grande Mâture royale. Prise d'une grande quantité de bestiaux.	29. 18.

ARMÉES		Flor. an 2. / Mai 1794.
PYRÉNÉES OCCID.	**POSTE DU ROCHER**, près Berra. *MULLER, Général en chef.* Déroute des Espagnols repoussés à la baïonnette jusqu'à leur camp de Berra, avec une perte considérable.	29. 18.
PYRÉNÉES ORIENT.	Environs de **FIGUIÈRES**. *AUGEREAU, Commandant.* Déroute des Espagnols près de Figuières. Grand nombre d'ennemis tués ; trois cents prisonniers.	30. 19.
ARDENNES	**BOUILLON.** *HEYRAND, Commandant.* Belle défense de cent soixante Français renfermés et attaqués par de nombreux ennemis, dans le château de Bouillon.	30. 19.
Idem	**LOBBES et HERQUELINNE.** *CHARBONNIÉ,* *DESJARDINS,* } *Commandans.* Défaite de l'ennemi à Lobbes et Herquelinne, après un combat de six heures. Quinze cents hommes tués.	Prairial 1. 20.

ARMÉES		
RHIN	**SCHIFFERSTADT.** *MICHAUD, Général en chef.* Bataille de Schifferstadt, gagnée par quinze mille Républicains contre quarante mille Autrichiens. Mille ennemis tués ou blessés. Cent prisonniers. Un général Autrichien tué.	Prair. an 2. Mai 1794. 4. 23.
MOSELLE	**NEUF-CHÂTEAU** près **BOUILLON.** *JOURDAN, Général en chef.* Déroute complète de l'avant-garde de Beaulieu. Grand nombre d'ennemis tués. Cent prisonniers.	4. 23.
ARDENNES	**MERBES-LE-CHÂTEAU.** *KLEBER, Commandant.* Victoire à Merbes-le-Château, après une charge générale ; douze cents ennemis tués ; deux cents prisonniers.	5. 24.
MOSELLE	**SAINT-HUBERT.** *JOURDAN, Général en chef.* Enlèvement du poste de St.-Hubert, défendu par deux mille Autrichiens. Fuite de l'ennemi, prise de son camp et de tous ses effets.	6. 25.

ARMÉES		Prair. an 2. Mai 1794.
	DINANT, à quatre lieues de **GIVET.**	
	JOURDAN, Général en chef.	
MOSELLE	Prise des redoutes et de la ville de Dinant.	7. 26.
	Grand nombre d'ennemis tués et blessés.	
	Soixante prisonniers.	
	FORT SAINT-ELNE, PORT-VENDRE et COLLIOURE.	
	DUGOMMIER, Général en chef.	
PYRÉNÉES ORIENT.	Évacuation par l'ennemi, des forts Saint-Elne et Port-Vendre.	7. 26.
	Reprise de Collioure.	
	Sept mille Espagnols mettent bas les armes, et sont faits prisonniers jusqu'à l'échange.	
	Prise de toute l'artillerie ennemie.	
	SAINT-GÉRARD.	
	JOURDAN, Général en chef.	
MOSELLE	Attaque des avant-postes du camp de Saint-Gérard par les républicains.	
	Les coalisés débusqués de la majeure partie de leurs avant-postes.	

ARMÉES		Prair. an 2. Juin 1794.
ARDENNES	**BOIS DE SAINTE - MARIE,** à cinq lieues **D'YVOI - CARIGNAN.** *DEBRUN, Commandant.* Déroute des ennemis près le bois de Sainte-Marie ; deux cents hommes tués.	14. 2.
PYRÉNÉES OCCID.	**COL D'ISPEGUY, LES ALDUDES, BERDARITZ.** *LEFRANC, LAVICTOIRE,* } *Commandans.* *HARISPE,* Bataille gagnée sur plusieurs points. Enlèvement à la baïonnette, du camp d'Ispeguy et des redoutes des Aldudes et de Berdaritz. Grand nombre d'ennemis tués. Quatre cent quatre-vingts prisonniers.	15. 3.
PYRÉNÉES ORIENT.	**RIBEN, TOUZEN.** *DOPPET, Commandant.* Prise de Touzen et Riben sur les Espagnols forcés à la retraite.	16. 4.

ARMÉES.		Prair. an 2. Juin 1794.
ALPES	**POSTES DES BARRICADES, VALLÉE DE STURE.** *VAUBOIS, Commandant.* Prise du fameux poste des Barricades ; communication rétablie entre l'armée des Alpes et celle d'Italie.	17. 5.
PYRÉNÉES ORIENT.	**Au-delà de LA JONQUIERE.** *PÉRIGNON, Commandant.* Défaite de 4000 Espagnols par un petit nombre de Français. Poursuite de l'ennemi au-delà de ses retranchemens ; prise de son camp. Investissement de Bellegarde.	19. 7.
Idem	**CAMPREDON.** *DOPPET, Commandant.* Enlèvement de différens postes, et prise de Campredon.	19. 7.
ALPES	**VALLÉE D'AOSTE, ou VAL D'AOUSTE.** *AMBYRAS, Commandant.* Déroute de 1500 Piémontais par 200 Français dans la Vallée d'Aoste. Quarante ennemis tués.	23. 11.

ARMÉES		Prair. an 2. Juin 1794.
PYRÉNÉES ORIENT.	**RIPOLL.** *DOPPET, Commandant.* Prise de vive force, et destruction des Forges de Ripoll.	23.11.
MOSELLE	**SAMBRE, CHARLEROY.** *JOURDAN, Général en chef.* Passage de la Sambre par l'armée de la Moselle. Investissement de Charleroy. Combat aux avant-postes. L'ennemi par-tout repoussé, laisse beaucoup de prisonniers.	24.12.
MOSELLE, ARDENNES et NORD, réunies sur la SAMBRE	**GOSSELIES près CHARLEROY.** *JOURDAN, Général en chef.* Action vigoureuse sur plusieurs colonnes qui repoussent tous les avant-postes de Charleroy, et se portent victorieuses jusqu'au-dessus de Gosselies.	24.12.

ARMÉES	Près CHARLEROY.	Prair. an 2. Juin 1794.
	DEVAUX, *BOIS-GÉRARD*, } *Commandans.*	
MOSELLE, ARDENNES et NORD, réunies sur la SAMBRE	Enlèvement et destruction sous le feu du canon ennemi, d'une redoute près Charleroy. La garnison de Charleroy vigoureusement repoussée.	26. 14.
Idem	Près CHARLEROY, à côté de la Chaussée de BRUXELLES. *DEVAUX*, *Adjudant-Général*, *Commandant.* Enlèvement de vive force, et en moins de dix minutes, de la redoute près Charleroy, à côté de la chaussée de Bruxelles ; le premier bataillon du Bas Rhin repousse vigoureusement une sortie de la garnison de Charleroy.	26. 14.
Idem	TRASEGNIES, *JOURDAN*, *Général en chef.* Victoire sur les coalisés, après un combat de douze heures. Prise de sept canons. Six mille ennemis tués. Cinq cents prisonniers.	28. 16.

ARMÉES		Prair. an 2. Juin 1794.
NORD	**YPRES.** *MOREAU*, Commandant. Prise d'Ypres, après douze jours de tranchée ouverte. La garnison de six mille hommes prisonnière. Prise de cent pièces de canon, vingt-neuf drapeaux, neuf cents chevaux.	29. 17.
ALPES	**PETIT SAINT-BERNARD.** *BAGDELONNE*, Commandant. Défaite des Piémontais au Petit Saint-Bernard. Cent ennemis tués; cent prisonniers.	30. 18.
PYRÉNÉES ORIENT.	**CAMPREDON.** *DOPPET*, Commandant. Reprise de Campredon, à la suite d'un combat.	Messidor 1. 19.
Idem	**L'ÉTOILE, BEZALU.** *LEMOINE*, Commandant. Prise des postes de l'Étoile et de Bezalu, de quatre drapeaux, cent trois tentes, quarante barils de poudre, vingt-neuf tonneaux de cartouches et beaucoup d'autres munitions de guerre.	2. 20.

	POSTES du ROCHER DOS-D'ÂNE, et CROIX DES BOUQUETS.	Mess. an 2. Juin 1794.
PYRÉNÉES OCCID.	*FRÉGEVILLE, Commandant.* Bataille de la Croix des Bouquets, et enlèvement des postes du Rocher Dos-d'âne. Déroute complète d'onze mille Espagnols; huit cents ennemis tués ou blessés; quarante prisonniers.	5. 23.
NORD, ARDENNES MOSELLE	**CHARLEROY.** *JOURDAN, Général en chef.* Prise de Charleroy rendu à discrétion; trois mille hommes de garnison prisonniers; cinquante pièces de canon.	7. 25.
Idem	**FLEURUS.** *JOURDAN, Général en chef.* Victoire mémorable de Fleurus, remportée après dix-huit heures de combat, par soixante-dix mille républicains contre cent mille hommes des armées coalisées. Fuite de l'ennemi avec perte de dix mille hommes tués.	8. 26.

ARMÉES		
PYRÉNÉES ORIENT.	**BELVER.** *CHARLET, Commandant.* Prise de Belver et déroute complète des Espagnols ; mille ennemis tués ou blessés ; trois cents prisonniers.	Mess. an 2. 8. 2 Juin 1794. 26.
SAMBRE et MEUSE	**LERNES, MARCHIENNES, MONCEAU et SOUVRET.** *KLEBER, BERNARDOT, PONCET, DAURIER,* Commandans. Avantage considérable remporté sur l'ennemi aux postes de Lernes, Marchiennes, Monceau et Souvret. Fuite et perte considérable de l'ennemi.	8. 26.
Idem	**RŒULX, MONT-PALISEL, BOIS D'HAVRÉ.** *KLEBER, Commandant.* Enlèvement des redoutes et du camp de Rœulx, des postes du Mont-Palisel et du Bois d'Havré. Prise de deux canons.	Juillet 13. 1.
NORD, SAMBRE et MEUSE	**MONS.** *KLÉBER, Commandant.* Prise de Mons ; déroute de l'ennemi ; prise de vingt mille quintaux de grains.	13. 1.

ARMÉES		Mess. an 2. Juill.1794.
SAMBRE et MEUSE	**SENEFF, NIVELLES** vers **GEMBLOURS.** *OLIVIER,* *MARCEAU,* } *Commandans.* Expulsion de l'ennemi de Seneff. L'armée de Beaulieu est vigoureusement repoussée d'auprès de Gemblours.	13. 1.
NORD	**OSTENDE.** *MOREAU, Commandant.* Prise d'Ostende et de quantité de vaisseaux ennemis.	13. 1.
Idem	**TOURNAI.** *PICHEGRU, Commandant.* Entrée des Français dans Tournai. Prise de vingt pièces de canon et de beaucoup de munitions.	14. 2.
RHIN	**FREIBACH, HAMBACH, HOCHSTETT.** *MICHAUD, Général en chef.* Enlèvement de vive force de plusieurs avant-postes et retranchemens ennemis.	14. 2.

ARMÉES		Mess. an 2. Juill. 1794.
ITALIE	**LOANO et PIÉTRA** sur les côtes de Gênes. *DUMERBION, Général en chef.* Déroute de quatre mille Piémontais par la garnison de Loano ; leur expulsion de Piétra.	15. 3.
NORD	**OUDENARDE et GAND.** *PICHEGRU, Général en chef.* Prise d'Oudenarde et de Gand ; vingt-quatre pièces de canon, dix mille boulets, trois cent mille rations de fourrages, quatorze bateaux chargés de munitions.	17. 5.
SAMBRE et MEUSE	**VATERLOO.** *JOURDAN, Général en chef.* *LEFEVRE, Commandant.* Défaite de trente mille ennemis par l'avant-garde de l'armée Française, de quatorze mille hommes.	18. 6.

ARMÉES		Mess. an 2. Juill. 1794.
SAMBRE et MEUSE	**SOMBREF, BOIGNÉE, BALATRE.** *HATRY, Commandant.* Victoire remportée sur les coalisés à Sombref. Quatre mille ennemis tués ; huit cents prisonniers.	18. 6. 19. 7.
Idem	**CHAPELLE SAINT-LAMBERT.** *DUBOIS, Commandant.* Combat très vif à Chapelle Saint-Lambert ; déroute de l'ennemi qui laisse beaucoup de prisonniers.	20. 8.
SAMBRE et MEUSE	**BRUXELLES.** *JOURDAN, Général en chef.* Entrée victorieuse de l'armée de Sambre et Meuse dans Bruxelles. Prise des magasins et des munitions.	22. 10.
PYRÉNÉES OCCID.	**BERDARITZ** aux Aldudes. *MONCET, Commandant.* Enlèvement de vive force du camp des émigrés, près Berdaritz. Fuite de l'ennemi avec perte de cent hommes tués, grand nombre de blessés, quarante-neuf prisonniers.	22. 10.

ARMÉES		Mess. an 2. Juill. 1794
RHIN	**FREIBACH, FREIMERSHEIM, PLATZBERG et SAUKOLP.** *MICHAUD, Général en chef.* Bataille gagnée sur toute la ligne ; enlèvement de vive force des postes de Freibach, Freimersheim, et des montagnes de Platzberg et Saukolp. Deux mille quatre cents ennemis tués. Prise de quinze canons.	25. 13.
Idem	**GORGES D'HOCHSPIRE, SPIRE et NEUSTADT.** *MICHAUD, Général en chef.* Prise des gorges d'Hochspire, et entrée des Français dans Spire et Neustadt. Grand nombre de prisonniers.	26. 14.
ITALIE	**VERTRAUTE**, village du comté de Tende, sur le seul chemin qui sert de passage par les Alpes, de Tende à Coni. *LEBRUN, Commandant.* Prise de Vertraute par les Français. Cinquante-neuf prisonniers ; cinquante tués ou blessés.	26. 14.

ARMÉES		Mess. an 2. Juill. 1794.
MOSELLE	**TRIPSTADT.** *MOREAU*, Commandant. Enlèvement à la baïonnette, des redoutes et du poste de Tripstadt. Prise de six canons et de deux obusiers.	26. 14.
SAMBRE et MEUSE	**MONTAGNE-DE-FER, LOUVAIN.** *KLEBER*, Commandant. Enlèvement de vive force du poste de la Montagne-de-fer, près Louvain. L'ennemi chassé de Louvain; prise de cette ville après une vigoureuse résistance.	27. 15.
NORD	**MALINES.** *SALME*, Commandant. Prise de Malines après un combat. Les Français font deux cents prisonniers.	27. 15.
SAMBRE et MEUSE	**NAMUR.** *JOURDAN*, Général en chef. *HATRY*, Commandant. Prise de Namur; retraite forcée de l'ennemi; cinquante-une pièces de canon; quatre cents prisonniers.	28. 16.

ARMÉES		Mess. an 2. Juill. 1794.
RHIN	**KAYSERSLAUTERN.** *MICHAUD, Général en chef.* Prise de Kayserslautern et d'une quantité considérable de munitions. Fuite précipitée de l'ennemi.	29. 17.
SAMBRE et **MEUSE**	**LANDRECIES.** *SCHÉRER, Commandant.* Reddition de Landrecies après six jours de tranchée. La garnison, forte de quinze cents hommes, prisonnière ; prise de quatre-vingt-douze canons.	29. 17.
NORD	**NIEUPORT.** *MOREAU, Commandant.* Prise de Nieuport après cinq jours de tranchée. Soixante pièces de canon ; deux mille ennemis prisonniers.	30. 18.
SAMBRE et **MEUSE**	**Hauteurs de TIRLEMONT.** *JOURDAN, Général en chef.* Défaite de l'ennemi sur les hauteurs en arrière de Tirlemont. Grand nombre d'ennemis tués ; soixante prisonniers.	Thermid. 1. 19.

ARMÉES		Therm. an 2. Juill. 1794.
	HUI et SAINT-TRON. *BOYER,* *HATRY,* } *Commandans.*	
SAMBRE et MEUSE	Déroute de l'ennemi à Hui. Prise de Saint-Tron.	3. 21.
	VALLÉE DE BASTAN, FORT MAYA, MONTAGNE DE COMMISSARI, FONTARABIE. *MONCEY,* *LABORDE,* } *Commandans.* *FRÉGEVILLE,*	
PYRÉNÉES OCCID.	Entrée des Républicains dans la vallée de Bastan. Enlèvement à la baïonnette des retranchemens ennemis ; prise de tous leurs camps, de neuf canons, deux obusiers, dix-huit mille fusils. Bombardement de Fontarabie ; grand nombre d'ennemis tués ; cinq cents prisonniers.	6. 2 7. 2 8. 26 9. 27 10. 28

ARMÉES		Therm. an 2. Juill. 1794.
ITALIE	**ROCCAVION,** village du Piémont vers la rive gauche de Gesso, à deux lieues sud - ouest de Coni. *LEBRUN, Commandant.* Prise de vive force par les Français, du village de Roccavion. Trente-six prisonniers, et vingt tués ou blessés.	8. 26.
SAMBRE et MEUSE	**LIÉGE.** *JOURDAN,* *HATRY,* } *Commandans.* Défaite de tous les avant-postes des ennemis devant Liége ; entrée des Français dans cette ville ; prise d'un canon ; trois cents ennemis prisonniers.	9. 27.
NORD	**ISLE DE CASSANDRIA.** *MOREAU, Commandant.* Prise de Cassandria et de soixante-dix canons. Passage du Cacysche ; retraite de l'ennemi sur Ysendick.	10. 28.

ARMÉES	IRUN, FORT DU FIGUIER, FONTARABIE, REDOUTE SAINT-MARTIAL.	Therm. an 2. Juill. 1794.
PYRÉNÉES OCCID.	*MONCEY,* *FRÉGEVILLE,* } *Commandans.* *LABORDE,* Conquête de la vallée de Bastan. Enlèvement de toutes les redoutes; prise du fort Figuier, de Fontarabie, de toutes les tentes et munitions; deux cents bouches à feu, sept mille fusils; deux mille prisonniers.	10. 28. 13. 31. 14. 1. Août
Idem	**ERNANI, SAINT-SÉBASTIEN, et le PORT-DU-PASSAGE.** *MONCEY,* *FRÉGEVILLE,* } *Commandans.* *LABORDE,* Enlèvement du poste important d'Ernani, et prise de Saint-Sébastien, de sa citadelle, du Port-du-Passage, de 2000 hommes de troupes de ligne Espagnoles faits prisonniers, de 200 bouches à feu, d'immenses magasins de munitions de guerre et de bouche, et de 20 navires, dont plusieurs chargés de marchandises. Déroute de l'armée ennemie poursuivie par les Français jusques sous les murs de Tolosa.	16. 3.

ARMÉES		Therm. an 2. Août 1794.
MOSELLE	**PELINGEN.** *RENAUD,* *DUFOUR,* } *Commandans.* Enlèvement à la baïonnette, des retranchemens et hauteurs de Pelingen. Quatre cents ennemis tant tués que prisonniers.	21. 8.
Idem	**Pont de VASSERBILICH.** *DESBUREAUX,* *AMBERT,* } *Commandans.* Enlèvement de vive force du pont de Vasserbilich. Prise d'un canon; trois cents ennemis tués ou blessés; quatre-vingts prisonniers.	21. 8.
MOSELLE	**TRÈVES.** *MOREAU, Général en chef.* Entrée des Français dans Trèves; prise de trente-six canons, et de vingt-quatre mille cartouches.	22. 9.
PYRÉNÉES OCCID.	**TOLOSA.** *FRÉGEVILLE, Commandant.* Prise de Tolosa à la suite d'un combat; deux cent cinquante ennemis tués, cent cinquante prisonniers.	22. 9.

ARMÉES		Therm: an 2. Août 1794.
PYRÉNÉES OCCID.	**SAINT-ENGRACE, ALLOQUI.** *MARBOT,* *ROBERT,* } *Commandans.* Enlèvement de plusieurs postes espagnols, et de la redoute d'Alloqui ; destruction des retranchemens, et prise des effets de campement ; quatre-vingts ennemis tués, quatorze prisonniers.	26. 13.
PYRÉNÉES ORIENT.	**ST.-LAURENT DE LA MOUGA.** *DUGOMMIER, Général en chef.* Victoire près Saint-Laurent de la Mouga ; cinquante mille Espagnols mis en fuite ; deux mille cinq cents tués.	26. 13.
Idem	**ROCASEINS.** *SAURET,* *MICAS,* } *Commandans.* *DESTAING,* Défaite à Rocaseins de quinze mille Espagnols par quatre mille Républicains ; grand nombre d'ennemis tués ; prise d'un canon.	26. 13.
SAMBRE et MEUSE	**LE QUESNOY.** *SCHERER, Commandant.* Reprise du Quesnoy rendu à discrétion après vingt jours de tranchée ; cent vingt bouches à feu, munitions de toute espèce ; deux mille huit cents prisonniers.	28. 15.

ARMÉES		Fruct. an 2. Août 1794.
NORD	**FORT L'ÉCLUSE.** *MOREAU, Commandant.* Prise du fort l'Écluse, de cent cinquante-deux bouches à feu, cent milliers de poudre et huit cents fusils. La garnison, composée de deux mille hommes, prisonnière.	9. 26.
SAMBRE et MEUSE	**VILLAGE D'ANZAIN,** et Redoutes près Valenciennes. *OSTEN, Commandant.* Enlèvement à la baïonnette, du village d'Anzain, et des postes et redoutes tenant à Valenciennes.	10. 27.
Idem	**VALENCIENNES.** *SCHÉRER, Commandant.* Reprise de Valenciennes; la garnison, de quatre mille cinq cents hommes, prisonnière sur parole. Prise de deux cent vingt-sept canons, de huit cents milliers de poudre, et de magasins de toute espèce.	10. 27.
PYRÉNÉES OCCID.	**EIBON.** *COSSAUNE, Commandant.* Défaite de sept mille Espagnols à Eibon; prise de deux drapeaux.	11. 28.

ARMÉES		Fruct. an 2. Août 1794.
PYRÉNÉES OCCID.	**ERMILLA.** *GRAVIER, Commandant.* Déroute des Espagnols poursuivis au pas de charge; prise de deux canons; grand nombre de tués.	II. 28.
Idem	**ONDOROA.** *SCHILT, Commandant.* Déroute de quatre mille ennemis; prise de leurs retranchemens, et de onze pièces de canon. Entrée des Français dans Ondoroa.	II. 28.
SAMBRE et MEUSE	**CONDÉ.** *SCHERER, Commandant.* Réprise de Condé; seize cents hommes de garnison prisonniers sur parole. Six mille fusils, trois cents milliers de poudre, cent mille boulets, six cents milliers de plomb; munitions pour six mois; prise de cent quatre-vingt-huit bâtimens de commerce.	13. 30.
MOSELLE	**SANDWEILLER.** *VINCENT,* *DUZIRET,* } *Commandans.* Combat très-vif près Sandweiller; l'ennemi débusqué de ses positions; perte considérable des Autrichiens.	Septemb. 16. 2.

ARMÉES		Fruct. an 2. 18. 4. Sept. 1794.
PYRÉNÉES OCCID.	**VALLÉE D'ASPE.** *ROBERT, Commandant,* Défaite dans la Vallée d'Aspe, de six mille Espagnols par six cents Français ; grand nombre d'ennemis tués.	18. 4.
Idem	**LESCUN.** *MARBOT,* *GARRIN,* } *Commandans.* Déroute des Espagnols mis en fuite par les avant-postes de Lescun. Cent ennemis tués, trois cents blessés, soixante-quatre prisonniers.	18. 4.
MOSELLE	Hauteurs de **COURTEREN.** *DUZIRAT, Commandant.* Combat en avant de Courteren, perte considérable des Autrichiens ; cent vingt-un prisonniers faits sur eux.	26. 12.
ALPES	**VALLÉES DE CHÂTEAU-DAUPHIN, DE MAIRE, DE STURE, CAMPS DE LA CHENAL, SAMBUCK et PRATZ.** *PETIT-GUILLAUME, Commandant.* Enlèvement à la baïonnette, des camps de la Chenal, Sambuck, Pratz, et de divers autres postes.	28. 14.

ARMÉES		Fruct. an 2. Sept. 1794
	Prise de deux canons, six cents fusils et beaucoup de munitions. Plus de deux cents ennemis tués, deux cent quatre-vingt-dix prisonniers.	
NORD	**BOXTEL.** *PICHEGRU, Général en chef.* Déroute totale de l'ennemi à Boxtel; cinq mille Anglais battus par huit cents Français ; deux bataillons ennemis désarmés par trente hussards. Prise de huit canons; deux mille prisonniers.	30. 16.
PYRÉNÉES ORIENT.	**BELLEGARDE.** *DUGOMMIER, Général en chef.* Reprise de Bellegarde, dernière place Française occupée par l'ennemi. La ville rendue à discrétion, après quatre mois et demi d'investissement. Prise de soixante-dix canons et de quarante milliers de poudre. Mille hommes de garnison prisonniers.	1. 17. Sansculotid.
SAMBRE et MEUSE	**MASEICK, LAUFELD, ÉMALE, MONTENACKEN, [illegible] et L'AVOUAILLE, À SEREMONT [illegible] COMMANDE LA SAINT TARD CHARTREUSE.** *[illegible] JOURDAN, Général en chef.* *SCHERER,* } *[illegible]* *KLEBER,* } *[illegible] Commandants.* Victoire remportée par toute la ligne	2. 18.

ARMÉES		Sansct. an 2. Sept. 1794.
	de l'armée, depuis Maseick jusqu'à Sprimont; prise de Laufeld, d'Emale et de Montenacken; passage de l'Ourt et de l'Ayvaille; levée du camp de la Chartreuse par l'ennemi; deux mille huit cents des siens tués; mille cinq cents prisonniers; prise de trente-quatre canons, cinq drapeaux, soixante-dix-neuf caissons.	
SAMBRE et MEUSE	**Hauteurs de CLERMONT.** *CHAMPIONNET,* *LEGRAND,* } *Commandans.* Enlèvement de vive force, des hauteurs de Clermont, après sept attaques successives. Huit cents ennemis tués ou blessés.	4. 20.
ITALIE	**CAIRO entre FINAL et ACQUI.** *DUMERBION, Général en chef.* Victoire du Cairo, remportée sur les Piémontais soutenus par dix mille Autrichiens. Prise de magasins considérables. Mille ennemis tués ou blessés.	4. 20. 5. 21.

ARMÉES		
PYRÉNÉES ORIENT.	**MONT-ROCH, à trois lieues de Bellegarde.** *AUGEREAU, Commandant.* Déroute des Espagnols au Mont-Roch; prise de quatre canons. Douze cents ennemis tués ou blessés.	Sans.an 2. Sept.1794. 5. 21.
SAMBRE et MEUSE	**BOIS D'AIX-LA-CHAPELLE et DE RECKEM.** *JOURDAN, Général en chef.* Enlèvement de vive force, des postes du bois d'Aix et de Reckem. Mille ennemis tués.	Vendém, an 3. I. 22.
PYRÉNÉES ORIENT.	**COSTOUGE.** *DUGOMMIER, Général en chef.* Enlèvement de la redoute et du camp de Costouge, ainsi que de tous les effets de campement; retraite précipitée et perte considérable de l'ennemi.	I. 22. au an 2. 23
Idem	**OLIA et MONTEILLA.** *CHARLET, Commandant.* Défaite des Espagnols à Olia et à Monteilla. Soixante ennemis tués.	5. 26.

ARMÉES		Vend. an 3. Sept. 1794.
NORD	**CREVECŒUR.** *DELMAS, Commandant.* Capitulation de Crevecœur. Prise de vingt-neuf bouches à feu, mille fusils, trente milliers de poudre; cinq cents prisonniers.	6. 27.
RHIN	**KAISERSLAUTERN,** **ALSBORN.** *MICHAUD, Général en chef.* Reprise de Kaiserslautern, d'Alsborn et autres postes environnans. Les Prussiens sont forcés à la retraite.	6. 27.
SAMBRE et MEUSE	**ALDENHOFEN.** *JOURDAN, Général en chef.* Bataille d'Aldenhofen; déroute complète des coalisés. Cinq mille ennemis tant tués que blessés.	Octob. 11. 2.
Idem	**JULIERS.** *JOURDAN, Général en chef.* Reddition de Juliers à discrétion. Huit cents prisonniers; soixante pièces de canon et un arsenal bien pourvu.	12. 3.

ARMÉES		Vend. an 3. Oct. 1794.
SAMBRE et MEUSE	**COLOGNE.** *JOURDAN, Général en chef.* Reddition de Cologne. Prise d'une grande quantité d'ar- tillerie et d'immenses magasins ; fuite précipitée des Autrichiens.	15. 6.
RHIN	**FRANKENTHAL.** *D'ESAIX, Commandant.* Combat de Frankenthal ; prise de cette ville ; quatre cents ennemis tués ; soixante prisonniers.	17. 8.
Idem	**SCHLODENBACH.** *MICHAUD, Général en chef.* Prise de Schlodenbach et de Volff- stein, après un léger combat ; et réunion des armées du Rhin et de la Moselle à Lautereck.	18. 9. 19. 10.
SAMBRE et MEUSE	**PLATEAU DU MONT-SAINT-PIERRE.** *DUHESME. Commandant l'armée chargée de l'investissement de Maestricht.* Reprise de vive force, de deux canons par le 3. régiment de Chasseurs à	19. 10.

ARMÉES		Vend. an 3. Oct. 1794.
	cheval , et reprise du château de Mont-Saint-Pierre. Quatre-vingts ennemis tués ou faits prisonniers.	
MOSELLE	**BIRKENFELD, OBERSTEIN, KIRN, TRARBACH, MEISSENHEIM.** *MOREAU, Général en chef.* Marche des Français sur Birkenfeld, Oberstein, Kirn, Trarbach et Meissenheim, où les retranchemens des ennemis sont forcés. Évacuation de tous ces postes par les coalisés.	20. 11.
NORD	**BOIS-LE-DUC.** *DELMAS, Commandant.* Entrée des troupes républicaines dans Bois-le-Duc ; prise de cent quarante-six bouches à feu, cent trente milliers de poudre, neuf mille fusils, six cents cinquante-huit prisonniers.	21. 12.
	OTTERBERG	

ARMÉES		
	GELLHEIM, GRÜNSTADT, FRANKENTHAL.	*Vend. an 3.* *Oct. 1794.*
	MICHAUD, Général en chef.	
RHIN	Combat et prise de Gellheim et de Grünstadt; et reprise de Frankenthal.	24. 15.
	Entre L'ECUMBERY et VILLA-NOVA.	
	MONCEY, Général en chef.	
PYRÉNÉES OCCID.	Bataille gagnée sur les Espagnols; prise de la belle mâture d'Iraty, des superbes fonderies d'Eguy et d'Orbaycette, évaluées trente-deux millions.	26. 17.
	Prise de cinquante canons, deux drapeaux, et de plusieurs magasins.	
	Deux mille cinq cents ennemis tués; deux mille cinq cents prisonniers.	
	KREUTZNACH.	
	MOREAU, Général en chef.	
MOSELLE	Combat et prise de Kreutznach par les Français.	26. 17.

ARMÉES		Vend. an 3 Oct. 1794
PYRÉNÉES OCCID.	**BURGUET, ALMANDOS.** *DELABADE, Commandant.* Défaite de sept mille Espagnols près de Burguet et d'Almandos. La majeure partie tuée; le reste prisonnier.	27. 18. II. I
RHIN	**KIRCHHEIM, WORMS.** *MICHAUD, Général en chef.* Déroute de l'ennemi près de Kirchheim et Worms; prise de ces deux villes.	27. 18.
NORD	**Environs de NIMÈGUE.** *SOUHAM, Commandant.* Défaite de l'ennemi aux environs de Nimègue; destruction de la légion de Rohan; prise d'un drapeau, de quatre canons, six cents prisonniers.	28. 19.
MOSELLE	**BINGEN.** *MOREAU, Général en chef.* Entrée des Français dans Bingen, après avoir chassé les Prussiens des positions importantes qu'ils avaient en avant de la ville.	29. 20.

ARMÉES		Brum. an 3. / Oct. 1794.
RHIN	**ALZEY** entre **KREUTZNACH** et **WORMS**, **OPPENHEIM** sur le Rhin. *DESAIX, Général de division, Commandant.* Prise d'Alzey et d'Oppenheim; déroute des ennemis.	1. 22.
SAMBRE et MEUSE	**COBLENCE.** *MARCEAU, Commandant.* Prise de Coblence; attaque et enlèvement des retranchemens; fuite de l'ennemi au-delà du Rhin; grand nombre de tués et de prisonniers.	2. 23.
PYRÉNÉES ORIENT.	**BHAGA.** *DEVAUX, Commandant.* Combat dans lequel les Espagnols sont repoussés avec perte considérable jusqu'à Bhaga.	2. 23.
Idem	**DORI, TOZAS, CASTEILLAN.** *CHARLET,* } *GILLY,* } *Commandans.* Enlèvement de vive force des postes de Dori et Tozas, et des sept retranchemens de Casteillan; prise et destruction des magasins; grand nombre d'ennemis tués.	2. 23.

ARMÉES		Brum. an 3. Oct. 1794.
NORD	**HULST,** **AXEL et SAS DE GAND.** *PICHEGRU, Général en chef.* Prise de Hulst, Axel et Sas de Gand. Garnisons ennemies prisonnières de guerre.	5. 26.
Idem	**VENLO.** *LAURENT, Commandant.* Prise de Venlo attaquée par cinq mille Français et quelques pièces de campagne. La garnison de dix-huit cents hommes prisonnière sur parole. Cent cinquante canons, deux cents milliers de poudre, sept mille fusils.	8. 29.
PYRÉNÉES ORIENT.	Revers de la **MONTAGNE - NOIRE.** *AUGEREAU,* *PAPIN,* } *Commandans.* Déroute des Espagnols sur les revers de la Montagne-Noire. Grand nombre d'ennemis tués; le reste poursuivi à la baïonnette jusque dans ses retranchemens.	Novembre. 11. 1.

ARMÉES		Vend. an 3. Nov. 1794.
	RHEINFELS. *MOREAU, Général en chef.* *VINCENT, Commandant.*	
MOSELLE	Entrée des Français dans Rheinfels, évacuée par douze cents ennemis. Prise de trente-neuf bouches à feu, et de quantité de fusils et de munitions.	12. 2.
	MAESTRICHT. *KLEBER, Commandant.*	
SAMBRE et MEUSE	Prise de Maestricht après onze jours de tranchée ouverte. Garnison de dix mille hommes prisonnière sur parole. Prise de trois cents cinquante-une bouches à feu, de vingt mille fusils et de quatre cents milliers de poudre.	14. 4.
	FORT DE SCHENK, au confluent du Waal et du Rhin. *VANDAMME, Commandant.*	
NORD	Prise du Fort de Schenk; les Français s'en emparent, en passant dix par dix sur des barques.	16. 6.

ARMÉES		Brum. an 3. Nov. 1794.
	BERG-OP-ZOOM.	
	WATELETTE, Chef de bataillon, Commandant.	
NORD	Sortie de la garnison de Berg-op-zoom, chargée à la baïonnette par les Français, et forcée d'y rentrer, avec perte de cent hommes tués, et de quatre-vingts faits prisonniers.	17. 7.
	NIMÈGUE.	
	SOUHAM, Commandant.	
Idem	Entrée triomphante des Français dans Nimègue. Douze cents Hollandais prisonniers de guerre; prise de cent bouches à feu.	18. 8.
	BURICK.	
	MOREAU, *VANDAMME,* } *Commandans.*	
Idem	Prise de Burick; ses retranchemens forcés. Cent ennemis tués; cinquante prisonniers.	19. 9.

ARMÉES		Brum. an 3.	Nov. 1794.
RHIN	**MONBACH.** *MICHAUD, Général en chef.* Prise de Monbach et de tous les postes de la forêt en avant de ce village, dont l'ennemi est chassé.	22.	12.
Idem	**WEISSENAU.** *DESAIX, Général de division, Commandant.* Prise de Weissenau, après plusieurs attaques; perte considérable du côté de l'ennemi. Quatre-vingts prisonniers.	22.	12.
PYRÉNÉES ORIENT.	**SAINT-SÉBASTIEN DE LA MOUGA, MONTAGNES et CHAPELLE DE LA MADELAINE et DE CARBOUILHE.** *DUGOMMIER, Général en chef, tué d'un coup d'obus pendant l'action.* *PERIGNON, Général.* Bataille gagnée sur les Espagnols. Enlèvement de plusieurs camps et de huit redoutes; prise de deux drapeaux, et de tentes pour dix mille hommes. Trente bouches à feu, quinze cents fusils, douze cents prisonniers.	27.	17.

ARMÉES		Brum. an 3. / Nov. 1794.
PYRÉNÉES ORIENT.	**ESCOLA, LIERS, VILARTOLY.** *PERIGNON*, Général. Bataille gagnée à Escola, Liers et Vilartoly, sur cinquante mille Espagnols mis en déroute. Enlèvement de plusieurs camps et de quatre-vingts redoutes. Deux cents bouches à feu. Neuf mille ennemis tués.	30. 20.
MOSELLE	**BLASCHEIDT, LORENTSWEILLER.** *DEBRUN*, Commandant. Défaite de douze cents hommes d'infanterie et de trois cents hommes de cavalerie, auprès de Blascheidt et de Lorentsweiller. Beaucoup d'ennemis tués et blessés; six prisonniers.	30. 20.
Idem	**FORÊT DE GRÜNWALD,** près Luxembourg. *DEBRUN,* *HUET,* } Commandans. *PEDUCHELLE,* Défaite de plus de quatre mille ennemis, après un combat de sept heures. Prise de trois pièces de canon et de quatre caissons. Trente ennemis faits prisonniers.	Frimaire 1. 21.

ARMÉES		Frim. an 3. Nov. 1794
PYRÉNÉES OCCID.	## GORGES D'OSTÉS. *MARBOT, Commandant.* Victoire remportée à Ostés, après un combat de deux jours. Déroute complète de l'armée espagnole. Mille ennemis tués ou blessés; grand nombre faits prisonniers.	4. 24. 5. 25.
PYRÉNÉES ORIENT.	## FIGUIÈRES. *PERIGNON, Général.* Prise de la forteresse de Figuières, de cent soixante-onze bouches à feu, deux cents milliers de poudre. La garnison de neuf mille cinq cents hommes, prisonnière.	7. 27.
PYRÉNÉES OCCID.	## BEGARA, ASCUATIA, ASPETIA. *LAROCHE,* *SCHILLE,* } *Commandans.* *FRÉGEVILLE,* Bataille gagnée sur les Espagnols. Prise de plusieurs fonderies, de quatre drapeaux, d'un canon, cinq mille fusils, de la caisse militaire, trente-trois caissons d'argenterie et quantité de munitions. Trois cents ennemis tués; deux cents prisonniers.	8. 28.

ARMÉES		
RHIN et MOSELLE	**REDOUTE DE MERLIN** devant Mayence. *SAINT-CYR, Général de division, Commandant.* Enlèvement de la redoute dite de Merlin, devant Mayence. Prise de quatre canons, deux obusiers. Six cents ennemis tués; quatre-vingts prisonniers.	Frim. an 3. Dec. 1794. 11. 1.
MOSELLE	**REDOUTES DE SALBACH,** près Mayence. *MOREAU, Général en chef.* Enlèvement de vive force des redoutes de Salbach. Prise de six pièces de canon et d'un obusier. Six cents Autrichiens tués; deux cents prisonniers.	14. 4.
NORD	**BOMMEL** et **FORT SAINT-ANDRÉ.** *DAENDELS, Commandant.* Passage du Waal; les retranchemens ennemis forcés à la baïonnette. Prise de Bommel, du Fort Saint-André et de quatre postes environnans.	Nivose 7. 27.

ARMÉES.		Nivos. an 3.	Dec. 1794.
NORD	**GRAVE.** *PICHEGRU, Général en chef.* *SALME, Commandant.* Reddition de Grave. Dix-huit cents prisonniers, non compris la garnison. Cent bouches à feu; six cents chevaux.	9.	29.
		Janv.	1795.
PYRÉNÉES ORIENT.	**FORT-LA-TRINITÉ** ou **BOUTON DE ROSES.** *SAURET, Commandant.* Prise du Fort-la-Trinité, de neuf bouches à feu et de quantité de munitions. Fuite nocturne de l'ennemi.	17.	6.
NORD	**TIEL.** *DEVINTER, Commandant.* Prise de Tiel et de six forts enlevés sous le feu le plus terrible. Trois cents canons, dix-neuf drapeaux, beaucoup de munitions.	22.	11.
Idem	**HEUSDEN.** *PICHEGRU, Général en chef.* Prise d'Heusden, de cent soixante-treize pièces de canon et cent cinquante milliers de poudre. Douze cents hommes de garnison prisonniers sur parole.	24.	13.

ARMÉES		
NORD	**UTRECHT, AMERSFORT.** *PICHEGRU, Général en chef.* Prise d'Utrecht, d'Amersfort et des lignes de la Greb ; quatre-vingts pièces de canon. Passage du Leck.	Nivôs. an 3. Janv. 1795. 28. 17.
Idem	**GERTRUYDENBERG.** *PICHEGRU, Général en chef.* *BONNEAU, Général de division, Commandant.* Prise de Gertruydenberg, après un bombardement de quatre jours, et enlèvement de tous ses forts. La garnison faite prisonnière sur parole.	29. 18.
Idem.	**AMSTERDAM, GORCUM, DORDRECHT.** *PICHEGRU, Général en chef.* Reddition de Gorcum, Dordrecht et Amsterdam.	Pluviose 2. 21.
PYRÉNÉES ORIENT.	**ROSES.** *SURET, Commandant.* Prise de Roses après vingt-sept jours de siège. Reddition d'une partie de la garnison ; soixante bouches à feu. Cinq cents quarante-un prisonniers.	Février 15. 3.

ARMÉES		Pluv. an 3. Févr. 1795.
NORD	**HOLLANDE.** *PICHEGRU, Général en chef.* Invasion de toutes les Provinces-unies; reddition de toutes les places fortes et des vaisseaux de guerre.	15. 3.
OUEST.	**Environs de NANTES.** *CANCLAUX, Général en chef.* Pacification de la Vendée.	Ventose 9 27.

RAPPORT
SUR LA REPRISE DES VILLES
DE
LANDRECIES, LE QUESNOY, VALENCIENNES ET CONDÉ
PAR LES FRANÇAIS;

FAIT À LA CONVENTION NATIONALE,

AU NOM DU COMITÉ DE SALUT PUBLIC,

PAR

LE CITOYEN CARNOT,

le 1 Vendémiaire, l'an troisième de la République.

....

CITOYENS,

Vous avez ordonné qu'il serait fait, par votre Comité de salut public, *un rapport sur les événemens qui ont précédé, accompagné et suivi la prise de Landrecies, du Quesnoy, de Valenciennes et de Condé.* Les derniers renseignemens que nous attendions, étant arrivés, nous nous empressons de satisfaire au devoir que vous nous avez prescrit. Je vais donc tracer devant vous, au nom du Comité de salut public, l'époque la plus saillante d'une campagne, qui elle-même offre la série d'événemens militaires la plus glorieuse pour la liberté, dont il soit fait mention dans les annales des peuples.

La reprise des quatre forteresses envahies sur la frontière du Nord n'est point une victoire par elle-même ; mais elle est le résultat de trente victoires qui l'avaient précédée ; le sang que devaient coûter ces forteresses était répandu d'avance, et le bonheur des combinaisons militaires a été d'empêcher qu'il n'en fût versé de nouveau ; ça été de préparer les choses de manière que ces redoutables boulevards qui pouvaient tant coûter encore, tombassent d'eux-mêmes, fussent enlevés comme une palme digne des guerriers intrépides qui avaient juré de ressaisir de leurs mains républicaines le sol de la liberté.

Dès l'ouverture de la campagne, le Comité de salut public avait senti la nécessité de s'écarter dans le cours de cette guerre, des routes usitées : des places formidables à reprendre, appuyées d'un côté par la Sambre et la forêt de Mormal, de l'autre par la Scarpe et les bois de St. Amand, soutenues par tout ce que l'ennemi avait pu concentrer sur ce

point, de forces animées par l'espoir de la contre-
révolution et du pillage de la France ; voilà les
obstacles qu'il fallait vaincre, avec des troupes
presque toutes de nouvelle levée : ils étaient tels
ces obstacles, qu'en les attaquant de front, deux
ans d'une prospérité continue, une perte d'hommes
incalculable, une consommation de munitions de
guerre excédant tout ce qui existait dans les magasins, pouvaient à peine en faire espérer le renverse-
ment.

Le Comité de salut public résolut donc, au lieu
d'attaquer l'ennemi dans la trouée qu'il avait faite,
de se porter sur ses deux flancs, de le cerner, de
lui couper ses communications, et de le réduire
enfin à l'option ou d'abandonner le territoire en-
vahi, ou d'y rester lui-même enfermé et d'y périr.
C'est ce plan suivi avec persévérance par le Comité,
exécuté avec autant d'énergie que de talens par les
généraux, consommé enfin par la ténacité et le
courage incomparable des soldats de la République,
qui a fait crouler en un moment tout cet échafaudage
de conquêtes formé par les puissances coalisées.
« Si l'ennemi a pénétré ce dessein, il a donté sans
doute qu'on n'aurait pas la hardiesse de l'exécuter,

et qu'en se portant lui-même audacieusement en deçà de la frontière, il ferait voler la terreur jusqu'à Paris; il crut sur-tout, lorsque la trahison lui eût livré Landrecies, que la masse de nos forces allait abandonner ces postes avancés pour accourir à la défense de Cambray, que nous allions disséminer les troupes dans des camps intermédiaires, et nous laisser battre en détail, en défendant successivement les faibles barrières qui nous restaient encore. Il nous fesait charitablement suggérer ces mesures; il les fesait appuyer par ses affidés dans Paris, qui se disaient les patriotes par excellence, qui criaient à la trahison sur ce qu'on retirait les forces du point menacé, au lieu d'y en amener de nouvelles, c'est-à-dire de ce qu'on n'exécutait pas le projet de l'Empereur. Mais au milieu de ses brillantes espérances, Cobourg nous vit lui-même tout-à-coup sur ses ailes, gagnant ses derrières, et il n'eut que le tems de se retirer au plus vite du labyrinthe où il s'était engagé.

Rappelé à la défense de ses propres foyers, et néanmoins toujours maître de nos places, fesant agir ses moyens ordinaires d'insolence, de ravage et de corruption, il espérait au moins nous faire consumer le reste de la campagne sans événement décisif, et c'eût été nous vaincre en effet, que de nous paralyser. Mais on lui préparait sur les bords de la Moselle, un rassemblement de 50 mille braves qui recevant tout-à-coup l'ordre de venir à travers les Ardennes prendre en flanc l'armée ennemie, et conduits avec autant de bonheur que de sagesse par Jourdan, rompirent bientôt l'équilibre, et fixèrent la victoire sur les bords de la Sambre et de la Meuse, pendant que Pichegru la fixait de son côté sur les bords de la Lys et de l'Escaut, contre les soldats de Georges, par six batailles sanglantes et autant de villes prises.

Ces succès répondirent tellement aux espérances du Comité de salut public, que l'arrêté par lequel il avait déterminé le plan de la campagne au commencement, a plutôt l'air d'une inspiration, que d'un projet soumis aux hazards des combats.

Immédiatement après la bataille de Fleurus, qui eut lieu le 8 messidor, les généraux reçurent l'ordre de couper sur le champ la communication des places envahies, et de les bloquer le plus exactement qu'il serait possible, en attendant qu'on fût en mesure d'en faire l'attaque.

Cette opération éprouva quelque lenteur inséparable d'un mouvement général qui avait entraîné presque toutes nos troupes à la poursuite des ennemis fuyards ; et ils en profitèrent pour s'approvisionner dans les places cernées, en ravageant le plat pays, et fesant rentrer dans leurs murs tout ce qu'ils purent trouver dans les campagnes environnantes, de bestiaux, de grains et de fourrages. Ils parvinrent ainsi à se mettre en état de soutenir dans ces places, et particulièrement dans Valenciennes et dans Condé, un siège de huit ou neuf mois.

Nos avantages demeuraient donc précaires ; un échec reçu par nous pouvait ramener l'Autrichien au point d'où nous l'avions chassé : pour recouvrer nos places par des attaques régulières, il fallait détacher des armées des troupes considérables ; ce qui les affaiblissait et les réduisait à une défense périlleuse ; il fallait des munitions énormes que nous n'avions pas ; et en supposant enfin que ces places très fortes se fussent rendues après une défense médiocre, elles nous revenaient démantelées ; la frontière restait ouverte, et la campagne entière était consumée à cette opération.

Le Comité délibérant sur cette position délicate, vit qu'il fallait sortir des règles de la prudence, et enlever nos places, pour ainsi dire révolutionnairement et sans effusion de sang républicain. C'était le problême ; votre décret du 16 messidor l'a résolu. En voici le texte.

„ Toutes les troupes des puissances coalisées, ren-
„ fermées dans les places du territoire français enva-
„ hies par l'ennemi sur la frontière du Nord, et qui ne
„ se seront pas rendues à discrétion, 24 heures après
„ la sommation qui leur en sera faite par les géné-
„ raux des armées de la République, ne seront
„ admises à aucune capitulation, et seront passées
„ au fil de l'épée. ”

Le but de ce décret était, en frappant l'ennemi de terreur, de l'obliger à se dessaisir sur le champ de nos possessions, où, vu l'éloignement et l'abandon de ses armées, il ne pouvait plus se regarder que comme un voleur détaché de sa bande et enveloppé, d'épargner les troupes, les travaux, le tems, les munitions, et de faire restituer à la vaillance et à la fierté républicaine, ce que lui avaient enlevé l'infamie des esclaves et la lâcheté de leur maître.

Cette loi néanmoins eût pû devenir une arme

terrible contre nous-mêmes, en des mains impures
ou mal adroites. Maniée avec dextérité, elle devait foudroyer les dernières espérances de l'ennemi;
gauchement exécutée, elle pouvait le porter au
désespoir et augmenter sa résistance.

Mais la grande latitude que vous aviez laissée à
votre Comité sur le mode d'exécution des mesures
militaires, lui laissait la faculté de diriger l'effet
de celle-ci. Il savait que ce n'était point un décret
de carnage que vous aviez voulu rendre, mais un
décret pour sauver la patrie; et sous ce rapport,
sous celui de la dignité nationale, sous celui du
brisement de la coalition, jamais décret n'obtint
une exécution plus ponctuelle et un succès plus
entier. En moins de six décades, les quatre places
ont été rendues; qui, attaquées par les règles ordinaires, eussent résisté au moins huit mois, qui
pendant tout ce tems paralysaient vos armées, qui
fesaient tomber sous les coups ennemis quinze mille
Républicains, qui nous forçaient à détruire nos
propres défenses, à faire consommer tous les magasins du dedans de ces places, à épuiser tous
ceux du dehors.

Elles vous ont été rendues avec six cents bouches

à feu de bronze, leurs attirails et plusieurs milliers de poudre, réparées avec le plus grand soin, et beaucoup plus fortes que lorsque nous les avions perdues.

Dans la seule place de Valenciennes, l'Empereur avait fait en perfectionnement de fortifications, une dépense de trois millions de florins, c'est-à-dire à-peu-près six millions cinq cents mille livres de notre monnaie.

Je passe au détail des faits principaux.

La bataille de Fleurus fut gagnée le 8 messidor, et dès le 15, Landrecies fut investi par un corps de 14 à 15 mille hommes, mis d'abord aux ordres du général Jacob; mais peu exercé à ce genre d'opérations, ce général quitta le commandement qui fut confié au général de division Scherer.

La tranchée fut ouverte dans la nuit du 22 au 23, l'artillerie commandée par le général Bonnard, et les attaques dirigées par l'ingénieur Marescot, le même qui avait déjà conduit celles du Port de la Montagne et de Charles-sur-Sambre. Ces trois officiers supérieurs, d'une réputation faite, ont suivi jusqu'à la fin les opérations de la reprise des quatre places.

Les travaux furent menés avec adresse et rapidité;
la première parallèle fut supprimée, la seconde
portée à 150 toises du chemin couvert; le 28, les
batteries furent en état d'en imposer au canon de
la place, et la garnison sommée conformément au
décret du 16 messidor, se rendit à discrétion le 29,
à deux heures du matin; elle était de quinze cents
hommes, et la place n'était point endommagée.

Le Comité de salut public vous a déja fait sur ce
siège un rapport, où il a été parlé du dévouement
des gardes nationales d'Avesnes et de Maubeuge.
Vous avez su que ces gardes nationales s'étaient
rendues spontanément sous la conduite de leurs
autorités constituées, devant les murs de la place
investie, où elles donnèrent l'exemple constant du
courage et de la discipline. Vous avez justement
applaudi à leur civisme, et vous n'avez pas appris
avec moins d'enthousiasme l'intrépidité des jeunes
gens au dessous de la première réquisition, accourus
de toutes les communes environnantes, pour délivrer
leurs frères de Landrecies; ces généreux soldats,
qui lors de l'attaque de cette place par les ennemis
avaient opposé à la trahison et à la lâcheté de la
majeure partie d'une garnison de huit mille hommes

une bravoure et une fidélité républicaine, que les femmes mêmes avaient partagées, et qui seules auraient sauvé la place, si leur énergie n'eût été enchaînée par cette indigne troupe, punie aujourd'hui de son crime par une captivité que le témoignage d'une bonne conscience n'adoucit point, et que le remords doit rendre plus pénible.

Votre Comité néanmoins se fait un devoir de déclarer, que plusieurs des corps militaires de cette garnison étaient bien loin de partager l'infamie de cette conduite. Nous citerons sur-tout le quatrième bataillon du département de la Meuse, qui s'opposa autant qu'il le put, à la honte d'une semblable capitulation : une compagnie de canonniers qui s'était formée dans cette commune, a également montré le plus grand courage et le zèle le plus soutenu. La plupart de ces canonniers étaient employés à un bastion dit *du Moulin*, lorsque l'explosion du magasin à poudre en fit sauter plusieurs, parmi lesquels se trouvait le citoyen Landas. Ses père et mère en apprenant sa perte, y répondirent par ces paroles : „ Que ne pouvons-„ nous le remplacer par un autre qui venge sa „ mort sur les tyrans! „

Nous avons déja dit, que pendant cette première attaque faite par les ennemis, les citoyennes avaient donné l'exemple du dévouement et de la fermeté: elles relevaient les blessés et les portaient sur des matelas et dans leurs bras, sous des blindages; elles pansaient leurs blessures, et plusieurs furent blessées elles-mêmes.

La citoyenne Grumiau, fille d'un officier municipal, plus forte que ses compagnes, les portait seule à l'hôpital à travers le feu des assiégeans; et cette fille avait eu un frère tué à ses côtés.

A la reprise que nous avons faite de cette place, elle n'a tenu que six jours de tranchée ouverte: peut-être néanmoins ce tems court eût pu encore être abrégé, en notifiant le décret du 16 messidor avant l'ouverture des travaux; mais les généraux crurent qu'une sommation aussi menaçante pourrait manquer son effet, si elle n'était appuyée par des batteries toutes préparées et par un commencement d'opérations capables d'en imposer.

Le Comité de salut public avait cependant écrit dès le 23, qu'il trouvait à propos que le décret fût notifié sur le champ; et le lendemain 24, il avait écrit une seconde lettre plus pressante, pour que les quatre places cernées fussent toutes sommées le même jour et à la même heure.

Le Comité de salut public a constamment insisté sur cette mesure de faire sommer les quatre places à la fois. Les représentans du peuple près l'armée et les généraux, plus à portée que nous d'apprécier les circonstances, ont craint que cette mesure ne fût téméraire, et qu'elle ne déterminât, de la part de l'ennemi, une défense plus opiniâtre.

Ce ne fut qu'après la reddition du Quesnoy que le Comité, voyant la saison s'écouler, et que les deux plus fortes places restaient encore aux mains de l'ennemi, ordonna impérieusement que le décret du 16 messidor fût signifié à l'instant à la garnison de Valenciennes, et immédiatement après à celle de Condé. C'est ce parti vigoureux qui a fait rendre ces deux dernières places sans coup férir, quoique incomparablement plus fortes, infiniment mieux approvisionnées, et quoique nos moyens de siège fussent presque entièrement épuisés par l'attaque des deux premières.

Quoiqu'il en soit, on ne peut blâmer les motifs qui ont déterminé à une circonspection qui nous a paru trop grande, et nous devons cette justice

rigoureuse aux chefs qui ont dirigé l'expédition,
comme aux braves soldats qui l'ont exécutée, qu'on
ne sauroit trop louer leur activité, leur courage et
leurs talens.

Landrecies rendu, l'armée assiégeante marcha
sur le Quesnoy, et dès le surlendemain, 1er thermidor, cette place fut investie; la tranchée fut
ouverte dans la nuit du 6 au 7, et la garnison se
rendit le 28 à discrétion, après vingt-un jours de
tranchée ouverte.

En rigueur, cette garnison devait être passée au
fil de l'épée, d'après le texte littéral de la loi du
16 messidor.

Le commandant, en effet, avait été sommé,
d'une manière très énergique, dès le 16 thermidor,
par le général Scherer; et il avait répondu par un
refus formel, ajoutant que le décret paraissait
injuste, et qu'une Nation n'avait pas le droit de
décréter le deshonneur d'une autre.

Cependant le 24, ce même commandant envoya,
pour parlementer, deux officiers et un tambour au
général Scherer qui les renvoya sans vouloir les
entendre.

Le lendemain, il envoya de nouveau sa soumission

profonde, l'offre de se rendre à discrétion et une déclaration de laquelle il résulte qu'il a tu à la garnison et aux citoyens le décret qui lui avait été notifié ; il exposa que peu instruit des institutions de la République Française, il avoit regardé ce décret comme une simple sommation accompagnée des menaces ordinaires en pareil cas, et qui n'ont communément aucune suite facheuse pour des hommes qui ont rempli leur devoir ; qu'au reste, lui et les autres chefs de la garnison se dévouaient d'eux-mêmes à la mort, pour sauver les militaires et les citoyens qui n'avaient eu aucune connaissance du décret de la Convention.

Le général Scherer fit aussitôt partir un courier, pour prendre les ordres du Comité de salut public, qui jugea que l'esprit de la loi n'avait pu être de frapper les individus qui ne pouvaient être coupables que d'ignorance ; il ordonna en conséquence qu'on recevrait la place à discrétion, sauf à informer ensuite, pour faire la distinction de ceux qui avaient eu connaissance du décret et y avaient fait opposition, de ceux dont il était ignoré, et prononcer sur les premiers, suivant toute la rigueur du décret.

La place se rendit le 28, conformément à cette disposition.

Le représentant du peuple Duquesnoy, qui avait suivi les opérations du siège, prit les mesures qu'il jugea nécessaires pour faire arrêter les coupables, et les fit traduire au tribunal criminel du département du Nord.

Il fit de plus insérer dans les articles de la reddition de la place, que le lieutenant-colonel Autrichien Rousseau, accompagnerait l'adjudant-général Français Barbou, chargé de sommer la garnison de Valenciennes, afin de notifier au commandant de cette dernière, que la garnison du Quesnoy n'avait obtenu la vie qu'en se rendant à la merci de la Nation Française, et parce que les chefs avaient offert de payer de leurs têtes, la résistance qu'ils avaient opposée aux décrets de la Convention.

La trahison de quelques scélérats avait sans doute contribué à la perte de cette place; mais la très grande majorité des citoyens avait au contraire montré pendant le bombardement beaucoup de courage et d'attachement à la République. Il s'était formé dans cette commune, comme dans celle de Landrecies, une compagnie de canonniers qui

avait fait son service avec zèle ; et malgré les
intrigues et la lâcheté d'une partie des individus
qui étaient chargés de la défendre, la place ne s'était
rendue qu'après la destruction de toutes ses batteries
et de la presque totalité de ses moyens de défense.

A la rentrée des troupes françaises dans cette
place, il y avait une garnison ennemie de 2800
hommes qui ont été faits prisonniers de guerre ;
il y avait 120 bouches à feu, et les revêtemens des
remparts n'étaient pas entamés. Notre artillerie
était en partie démontée, et partie hors de service,
par l'évasement des lumières ; l'armée assiégeante
était foible, les tranchées fréquemment remplies
d'eau, l'arrière-saison approchait ; nous avions
encore deux places à reprendre, les plus importantes, les plus fortes, les mieux approvisionnées ;
nos armées étaient paralysées depuis deux mois,
et il eût été trop dangereux de hazarder une action
décisive, aussi long-tems que l'ennemi occupait
des points d'appui sur notre territoire. La situation
des affaires parut même assez inquiétante à notre
collègue Duquesnoy, qui se trouvait à l'armée,
pour le déterminer à nous demander, s'il ne serait
pas possible de revenir sur le décret du 16 messidor.

Mais le Comité pensa que ç'eût été tout perdre; qu'un pas rétrograde semblable eût été aux yeux des ennemis un signe de faiblesse indubitable, que c'eût été l'enhardir et le rendre plus obstiné dans sa défense; et qu'enfin, au lieu d'épargner les soldats, ç'eût été nous exposer au contraire à une perte beaucoup plus considérable. Le Comité invita donc le représentant Duquesnoy à maintenir les dispositions dont nous venons de vous faire part, ce qu'il fit avec beaucoup de fermeté et de succès.

Cette importante opération terminée, nous dumes nous occuper de l'attaque de Valenciennes. La résistance de cette forteresse du premier ordre, munié pour huit ou neuf mois, pouvait devenir si terrible et si longue, que notre même collègue Duquesnoy nous écrivit le 2 fructidor, en ces termes.

» Supposez avec moi que la place de Valenciennes
» s'obstine à se défendre et se détermine à braver
» la mort, ce siège alors deviendrait terrible; nous
» y perdrions beaucoup de monde, notre artillerie
» s'y abimerait, et nous serions obligés d'y con-
» sommer des munitions immenses. Dans ce cas,
» ne seroit-il pas plus avantageux pour la Répu-
» blique, de tenir cette forteresse bloquée, en se

» fortifiant vigoureusement, autour d'elle. Cette
» conduite rendrait disponible notre armée qui se
» porterait, selon vos ordres, sur les points que
» vous lui indiqueriez. »

Scherer, de son côté, chargé des opérations du
siège, demandait qu'on ne l'obligeât point à notifier
le décret du 16 messidor à la garnison ennemie,
avant d'avoir établi ses batteries et poussé ses
travaux assez loin pour en imposer à la place, et
l'obliger de se rendre à discrétion.

Mais ces propositions ne pouvaient satisfaire l'impatience du Comité, celle de toute la France, qui
aspirait au moment de voir enfin le territoire de la
République délivré de ses plus cruels usurpateurs.
Le Comité préscrivit donc impérieusement que, sans
aucun délai, et sans aucuns travaux préliminaires,
la place de Valenciennes serait sommée, conformément à la teneur du décret. Il fut recommandé
en même tems au général de donner la plus grande
publicité possible à cette notification, afin que les
citoyens et les militaires ne pussent alléguer, comme
au Quesnoy, leur ignorance de ce décret.

Le commandant de la place satisfit à la sommation dans les vingt-quatre heures ; mais il demanda

qu'on voulût bien imposer des conditions moins
dures et moins deshonorantes pour sa garnison ; il
demanda pour elle la liberté de se retirer hors du
territoire de la République, sous serment de ne
plus servir contre elle jusqu'à échange.

Le Comité de salut public fut consulté sur ces
demandes ; elles furent agréées avec quelques modifications. L'arrêté en fut pris, le 8 fructidor, par
le Comité de salut public, après la plus mûre
délibération, à l'unanimité des douze membres qui
composaient alors ce Comité.

La loi du 16 messidor ordonnait de mettre à mort
les ennemis qui, passé vingt-quatre heures de la
notification de cette loi, se refuseraient aux conditions qui leur seraient imposées ; mais elle ne
nous défendait pas à nous-mêmes de leur accorder
pendant ces vingt-quatre heures, des conditions
tolérables. Il fallait que leur sort dépendît de la
générosité française ; mais la générosité ne nous
était point interdite, et vous n'aviez pas sans
doute voulu effacer, par un décret de circonstance,
le plus beau trait du caractère national. L'efficacité
même de ce décret consistait précisément dans la

faculté que vous laissiez à votre Comité, d'être tantôt terrible et tantôt généreux.

Il n'appartenait qu'à un Robespierre de murmurer, lorsque nous avions le bonheur d'enlever quelque place aux ennemis, sans le carnage de nos frères d'armes ; une conquête ne pouvait lui plaire, si elle n'était ensanglantée. Lorsque nous reçumes le courier qui nous apportait la nouvelle de la prise de Nieuport : « *A-t-on*, dit Robespierre, *massacré* « *la garnison ?* On a tué, répondit-on, tous les « émigrés, le reste est prisonnier : on ne pouvait « passer la garnison au fil de l'épée, sans emporter « la place d'assaut, ce qui nous aurait coûté six « mille hommes. *Eh ! qu'importe six mille hommes*, « dit Robespierre, *lorsqu'il s'agit d'un principe ! Je* « *regarde, moi, la prise de Nieuport, comme un grand* « *malheur.* »

Or, qui était cet homme à principes ? celui qui n'en connaissait aucun ; celui qui entrait en fureur, quand on opposait les loix à ses volontés ; celui pour qui la prospérité de nos armes était une torture continuelle, chaque succès un coup de poignard. Robespierre ne voulait point signer les ordres du Comité relatifs aux opérations militaires ; il se ménageait ainsi la faculté de dire, en cas de revers, qu'il s'était opposé aux mesures prises. Il est constant que, depuis trois mois, il attendait une défaite avec la même soif que ses collègues avaient pour la victoire, afin de pouvoir les attaquer dans la Convention; que l'aveu lui en est échappé plusieurs fois au Comité, et qu'il n'a éclaté enfin dans son discours séditieux du 8 thermidor, que parce qu'il désespéra d'en trouver l'occasion, et qu'il voyait tomber sur lui-même la foudre qu'il voulait attirer sur ceux dont la droiture et le zèle assidu étaient sa condamnation.

Mais laissons ce monstre, pour revenir à notre objet. Autorisés à tempérer la rigueur des conditions que nous pouvions imposer aux ennemis, et pressés par là nécessité de recouvrer au plutôt les deux places qui restaient envahies, le Comité de salut public jugea convenable, en fesant sommer la garnison de Valenciennes, de la faire prévenir par le général Schérer, qu'on lui laisserait les honneurs de la guerre; que cependant elle rendrait ses armes, et demeurerait prisonnière hors du territoire de la République, et sous serment de ne point servir contre elle jusqu'à son échange.

Ce procédé qui ne nuisait en aucun sens aux intérêts de la Nation française, détermina sans doute la prompte soumission de la garnison ennemie ; et cette soumission fut tout à la fois une preuve de la justesse du décret du 16 messidor, et un hommage rendu à la fierté et à la générosité républicaine. Ce sont les rois nos ennemis, que nous voulons humilier, et non des automates déja assez malheureux de servir sous de pareils maîtres.

La place se rendit le 10 fructidor, avec les magasins immenses dont elle était devenue l'entrepôt, depuis qu'elle était au pouvoir des ennemis. On y a trouvé 227 pièces de canon, et fait 4500 prisonniers qui, en vertu des conditions, ont été renvoyés chez eux sous serment de ne point servir contre la République jusqu'à leur échange.

Parmi les traits héroïques sans nombre qui ont signalé les troupes françaises dans le cours de ces opérations, et qui seront rendus publics, il en est un que nous ne croyons pouvoir nous dispenser de citer dès ce moment. Duquesne, chasseur dans la 8e compagnie, du 9e bataillon d'infanterie légère, ayant eu la jambe droite fracassée d'un coup de boulet sous les murs de Valenciennes, et les chirurgiens

étant près d'en faire l'amputation, Duquesne
éloigne ses camarades qui s'empressaient de le
secourir, et les engage de retourner à leurs postes.
Resté seul avec l'officier de santé, il l'aide et tient
lui-même ses bandages, et l'opération achevée,
Duquesne dit : *Ce n'est pas ma jambe que je regrette ;
c'est de me trouver en ce moment dans l'impuissance
d'aller avec mes camarades délivrer Valenciennes.*

Nous ne vous parlerons pas des faits relatifs à la
reddition de cette place lors du siège qu'en firent
les ennemis. Ils vous sont connus par le rapport
de nos collègues, Cochon et Briez ; et tous les
renseignemens recueillis à cet égard depuis sa
reprise, n'ont fait que confirmer l'exactitude rigoureuse de leur récit.

Enfin, la place de Condé qui par ses inondations,
n'est guères moins forte que Valenciennes, se rendit
aux mêmes conditions, à la notification du décret
du 16 messidor.

La nouvelle vous en parvint par le télégraphe,
le 13 fructidor, jour de sa reddition, et le même
jour on y apprit, aux acclamations du peuple délivré
de sa captivité, et rendu à ses frères, que vous veniez
de consacrer cette grande époque de l'évacuation de

la frontière du Nord, en substituant le nom de Nord-Libre à celui de Condé.

Sous la protection des feux de cette dernière place, dans les canaux qui y aboutissent, ont été trouvés 188 bâtimens de commerce, dont une vingtaine richement chargée de munitions de guerre et de bouche, et d'effets militaires en tous genres.

Si au lieu de commencer par Landrecies, on eût d'abord attaqué Valenciennes, peut-être la chûte de ce boulevard eût entrainé celle de tous les autres de moindre importance ; mais les circonstances déterminèrent Pichegru et Jourdan à se partager l'expédition. Jourdan fut chargé de reprendre Landrecies et le Quesnoy ; Pichegru se chargea de Valenciennes et de Condé ; mais celui-ci retenu par la nécessité de resserrer les ennemis, et de se rendre maître du fort de l'Écluse, dans la Flandre hollandaise, ne put exécuter son projet sur Valenciennes et Nord-Libre. Ces places, on sait, il est

« C'est la division de Scherer, ainsi ordres de Jourdan, qui a repris successivement les quatre places envahies ; et ce général a dû commencer par celles dont l'attaque lui était dévolue, au lieu de se porter de suite sur Valenciennes, comme il

l'aurait fait sans doute , si l'on eût prévu d'abord
que l'armée du Nord, aux ordres de Pichegru,
serait arrêtée par d'autres expéditions non moins
importantes.

Ainsi se sont évanouies les chimériques espérances de nos ennemis : cet événement mémorable
leur apprendra sans doute ce qu'ils auraient
déja du savoir par l'expérience de tant de guerres
anciennes , c'est que la France ne peut jamais rien
avoir à craindre de ses ennemis du dehors , c'est
que si l'Europe entière , par la réunion de ses
efforts , par tous ceux du machiavélisme et de la
corruption , peut parvenir à entamer quelque peu
ses frontières, ces succès éphémères finiront toujours
par tourner à la honte des aggresseurs , et à la
gloire du nom français.

La loi avait prononcé sur le sort des émigrés ,
et quant aux traîtres qui avaient contribué à livrer
les places , ou accepté de la cour impériale des
fonctions civiles ou judiciaires , les représentans du
peuple les ont fait mettre sur le champ en arrestation et traduire au tribunal criminel du département
du Nord, pour être jugés , conformément à la loi
du 26 frimaire. Ils se sont empressés en même

tems de donner des marques de sensibilité et de reconnaissance à ceux qui avaient refusé de courber la tête sous le joug du despote, et repoussé ses caresses perfides.

Il s'en est trouvé de ces cœurs fidèles à la République qui sont restés purs au milieu de la corruption, et libres au milieu des fers. Ce n'est point parmi ceux qui fesaient grand bruit de leur patriotisme, lorsque l'ennemi était bien loin, et qui se sont humiliés devant lui, lorsqu'ils ont été en sa puissance, mais parmi des citoyens simples et sans ostentation. Ceux-là traînaient le char de l'Empereur dans les rues de Valenciennes, tandis que ceux-ci bravaient les menaces de ses soldats, et que des femmes modestes refusaient courageusement de balayer les rues par lesquelles il devait passer.

Les représentans du peuple ont pris aussi les mesures les plus efficaces pour la sureté des recoltes des riches contrées que nous avons reconquises, pour remettre en activité l'exploitation des importantes mines de charbon d'Anzin, pour rétablir les manufactures de batistes et de mousselines, pour que la levée de la jeunesse de première réquisition s'exécutât sans délai ; et enfin pour la réorganisation des autorités constituées.

Voilà, Citoyens, ce qu'ont fait les défenseurs de la patrie pour la délivrer de ses cruels ennemis ; voilà ce qu'ils fesaient au nom de la liberté, au nom de la République, au cri mille fois répété de *vive la Convention Nationale.* Ce cri de ralliement les rendait invincibles. Oui, Citoyens, la France a des armées de héros : toujours ceux qui combattront pour la défense de leurs foyers et de leurs droits sacrés, renverseront les esclaves, comme un vent impétueux enlève et roule un tourbillon de poussière.

On a vu ces jeunes guerriers étonner les bandes germaniques par leur audace et par leur discipline ; on les a vus surpasser en constance tout ce que l'histoire rapporte des phalanges grecques et des légions romaines. Et sur quoi étaient fondées ces vertus sublimes de nos frères d'armes sortant de leurs charrues, quels étaient les liens de cette discipline étonnante ? Citoyens, ces vertus, c'est l'amour seul de la patrie ; cette discipline, c'est la confiance et la fraternité.

Oh ! si la même énergie, le même ensemble

étaient déployés contre les ennemis de l'intérieur,
combien la République serait prospère, comme on
verrait se rouvrir à l'instant les sources de la
félicité nationale. Eh! qui donc en empêcherait?
Seraient-ce quelques factions obscures, quelques
hommes avides d'or, de sang ou de pouvoir?
Non, le peuple veut que les viles passions dispa-
raissent.

Prononcez donc, dépositaires de sa puissance;
déclarez que vous la conserverez dans toute sa
plénitude, que vous ne souffrirez jamais que ce
dépôt sacré soit violé, que vous ne permettrez pas
qu'aucune partie de ce qui a été confié à votre
garde par le peuple tout entier, soit usurpé par
aucune fraction du peuple.

Soyez seuls sa boussole, son point de ralliement.
Il n'est qu'une ligne droite dans la nature, il en
est mille de tortueuses; il n'est qu'un moyen d'être
pur, il en est mille d'être pervers. Sauvez le
peuple et de ses faux amis et de ses ennemis
déclarés; sauvez votre dignité qui lui appartient;
proscrivez à jamais de votre sein ces honteuses
dénonciations qui déchirent les entrailles de la
patrie; punissez le crime, et le crime seul; portez

la sécurité dans le cœur de l'homme simple et dans l'asile du malheureux ; que le génie de l'égalité ranime l'émulation , et que l'amour du travail et de l'économie fasse revivre l'agriculture et les arts.

Nous vous avons parlé des armées de terre ; que vos armées navales fixent maintenant votre plus grande sollicitude ! Il vous appartient d'affranchir un autre élément. Faites pour la marine ce que vous avez fait pour le continent ; tournez vers elle tous vos moyens révolutionnaires : point de domination sur mer ! qu'elle devienne une grande route ouverte à toutes les Nations ! toutes , excepté une , y ont le même intérêt que vous. Que celle qui veut subjuguer toutes les autres , soit subjuguée elle-même , si elle ne peut-être contenue. Que l'Europe s'éclaire , et que de tous les points des deux mondes parte ce cri unanime : *La liberté des mers !*

____

[illegible]

TABLE ALPHABÉTIQUE
DES NOMS DE LIEUX.

A.

B.

C.

M.

TABLE ALPHABÉTIQUE
DES GÉNÉRAUX.

DROIT

ADMINISTRATIF

THÉORIQUE ET PRATIQUE

PAR

M. J. CHANTAGREL

RÉPÉTITEUR EN DROIT

PARIS

CHEZ MASSON, ÉDITEUR

RUE DE L'ANCIENNE-COMÉDIE, 26

ET CHEZ L'AUTEUR

[RUE SAINT-HONORÉ, 191

1856

PRÉFACE

J'ai composé ce livre principalement pour messieurs les étudiants en droit. Mon intention n'a pas été de les détourner d'un cours que rien ne saurait suppléer, mais de compléter les notes qu'ils ont recueillies à la hâte et qui sont, par conséquent, la plupart du temps insuffisantes pour la préparation efficace et sérieuse de l'examen sur le droit administratif.

Le plan de mon livre est celui du cours de droit administratif de la faculté de Paris. J'engage messieurs les étudiants à ne pas se laisser rebuter par la sécheresse des notions historiques et des dates qui tiennent une place très-large dans mon livre, comme dans le cours de la Faculté, s'ils ne veulent pas s'exposer à un refus presque certain.

Un *Questionnaire*, correspondant aux divisions

générales et aux numéros de cet ouvrage, en forme le complément utile.

Je n'ai pas adopté le système qui consiste à intercaler les questions dans les matières ou à les placer en marge, afin de donner à l'étudiant, sans l'obliger à tourner toutes les pages d'un volume, le moyen de voir, quelques jours avant l'examen, s'il est en état de se présenter avec la certitude du succès. J'ajouterai que le questionnaire peut être pour les jeunes gens studieux un *vademecum* moins gênant que l'ouvrage que j'ai l'honneur de leur offrir.

PRÉLIMINAIRES

1. On distingue, chez la plupart des peuples, deux pouvoirs : celui qui fait les lois et celui qui les fait exécuter.

L'examen du premier se trouve hors du cadre de notre livre.

Le second se divise en autorité judiciaire et pouvoir exécutif proprement dit.

Les lois sont d'intérêt général ou privé. L'application des premières appartient à l'autorité administrative; celle des secondes aux tribunaux judiciaires.

Nous ne parlons pas des lois criminelles, conçues dans un intérêt général, et dont l'application néanmoins ne saurait rentrer dans les attributions de l'autorité administrative.

2. L'administration de la justice est étrangère à notre sujet. Nous n'avons à nous occuper que de l'administration proprement dite ou plutôt du *droit administratif*, sciences confondues presque toujours par la pratique mais distinguées par la doctrine. En effet, la science de l'*administration* est la connaissance des principes qui régissent la vie sociale des peuples et qui forment les administrateurs, tandis que le *droit administratif* est l'ensemble des dispositions qui règlent les rapports des administrateurs avec les administrés. La première est spéculative, le second est positif.

3. Nous diviserons notre livre en deux parties. La première sera consacrée *aux autorités administratives*, et la seconde

aux lois ou matières administratives. C'est la division généralement adoptée. Il serait peut-être plus rationnel d'expliquer d'abord les lois administratives et de voir·ensuite les autorités qui les appliquent; mais notre division semble préférable par la raison que souvent nous serions obligés, en examinant les lois administratives, de parler des autorités avant d'en connaître l'organisation et le fonctionnement.

4. On entend par lois ou matières administratives celles qui sont comprises dans la compétence des autorités administratives et qui correspondent aux différents besoins de l'État; car l'État, être collectif, est soumis aux mêmes besoins que les individus qui le composent.

Ces besoins se rapportent à la vie physique ou matérielle, et à la vie morale et intellectuelle.

Nous les examinerons en détail dans la seconde partie de cet ouvrage.

5. L'administration est *active*, *consultative* et *contentieuse.*

Elle à des *agents* pour agir, des *conseils* pour s'éclairer, des *tribunaux* pour juger.

6. Les agents sont *directs* ou *auxiliaires.*

Les premiers, fonctionnaires proprement dits, ont un caractère officiel et représentent l'administration ;

Les autres sont de simples employés chargés de la préparation des travaux.

Les agents directs sont : l'empereur, les ministres, les préfets, les sous-préfets et les maires.

7. Les conseils sont : le conseil d'État, les conseils de préfecture, les conseils généraux, les conseils d'arrondissement et les conseils municipaux.

8. Les tribunaux sont: le conseil d'État, les conseils de préfecture, la cour des comptes, les conseils de révision pour l'armée, les jurys de révision pour la garde nationale, le conseil de l'instruction publique, le conseil des prises mari-

times, et toutes les commissions administratives spéciales.

Les uns sont permanents, les autres temporaires.

Les préfets et les maires eux-mêmes ont certaines attribubutions contentieuses.

Il n'existe pas entre les trois divisions que nous avons établies une démarcation bien tranchée. Ainsi le conseil d'État et le conseil de préfecture réunissent des attributions de l'ordre contentieux et consultatif. Les ministres sont à la fois agents et juges.

Les agents appartiennent au pouvoir central ou départemental.

Les premiers sont l'empereur et les ministres;

Les seconds, les préfets, sous-préfets et maires.

DROIT ADMINISTRATIF

THÉORIQUE ET PRATIQUE

PREMIÈRE PARTIE

AUTORITES ADMINISTRATIVES

TITRE PREMIER

L'Empereur.

—

ATTRIBUTIONS

1. Le chef du gouvernement réunit trois espèces d'attributions : 1° attributions de commandement ou souveraineté; 2° attributions législatives; 3° attributions administratives.

Iʳᵉ Section. — Attributions de souveraineté.

2. Dans cette catégorie sont les traités de paix, d'alliance et de commerce, les déclarations de guerre, le commandement des armées, etc., etc. (Constitution du 14 janvier 1852, art. 6 et suiv.)

Nous n'aurons pas à nous occuper des attributions de souveraineté.

IIᵉ Section. — Attributions législatives.

3. L'empereur exerce le pouvoir législatif concurremment
avec le Corps législatif et le Sénat. Il a l'initiative des lois, qui
appartenait sous la constitution de 1848, aussi bien aux représentants qu'au pouvoir exécutif. Ces attributions sont aussi
hors de notre sujet.

IIIᵉ Section. — Attributions administratives.

4. Ces attributions sont divisées en attributions administratives proprement **dites**, et en attributions contentieuses.

Les actes qui correspondent à cette division sont de quatre
espèces :

1° Les règlements d'administration publique ;

2° Les décrets rendus dans la forme des règlements
d'administration publique ;

3° Les décrets rendus sur le rapport d'un ministre ;

4° Les décrets rendus au contentieux.

1° *Règlements d'administration publique.*

5. Ces décrets se rattachent à la fois aux attributions législatives et administratives de l'empereur.

Comme les lois, ils ont force obligatoire et ne peuvent être
attaqués devant le conseil d'État.

Ils doivent être insérés au bulletin des lois ; c'est une conséquence de leur caractère législatif.

Il existe cependant des différences capitales entre les lois
et les règlements d'administration publique.

Les lois ont un caractère de généralité. Elles posent des
principes ; elles établissent des règles fondamentales.

Les règlements d'administration publique ne s'occupent,
la plupart du temps, que de détails, de mesures d'exécution.

La loi est plus stable, du moins dans la pensée du législateur ; les règlements d'administration publique sont variables

comme les circonstances et le temps dont ils subissent l'influence.

On ne saurait les caractériser mieux que n'a fait M. Macarel en quelque mots : « Les règlements sont des actes de magistrature ; les lois sont des actes de souveraineté. Les règlements ne peuvent donc ni créer des pouvoirs publics, ni autoriser des impôts, ni définir des crimes, ni établir des peines, ni préjudicier aux droits publics des citoyens, ni statuer en quoi que ce soit sur leurs droits privés, autrement que pour développer les principes dont la loi leur confie les conséquences. »

Quelquefois cependant, le règlement d'administration publique emprunte le caractère des lois et réciproquement. Il existe, en effet, des lois qui règlent l'exécution d'autres lois et des règlements qui ont le caractère initial ou général des lois. C'est ainsi que les tarifs des douanes peuvent être fixés par des règlements d'administration publique en vertu d'une loi de 1814. C'est une exception à ce principe que l'établissement de l'impôt appartient au corps législatif. Une seconde exception de la même espèce — et nous pourrions en citer bien d'autres — résulte de la loi du 22 nivôse an XII, qui porte dans son art. 38 qu'il sera pourvu par des règlements d'administration publique à la fixation des sommes à payer par les élèves des écoles de droit pour les frais d'étude, d'examen et de diplôme.

Certains règlements sont faits en vertu d'une délégation législative formelle, comme ceux que nous venons de citer. Le droit de faire les autres résulte des pouvoirs généraux du gouvernement qui est chargé de veiller à l'exécution des lois.

Un caractère essentiel de ces règlements, c'est qu'ils ne peuvent être faits que sur l'avis du conseil d'État.

2° Décrets rendus dans la forme des règlements d'administration publique.

6. Ces décrets doivent être rendus dans la forme des règlements d'administration publique, c'est-à-dire *le conseil d'État entendu.* Ils diffèrent des précédents surtout par leur caractère de *spécialité.* C'est par des décrets de cette espèce que sont autorisées les sociétés anonymes et que sont approuvés leurs statuts, etc.

3° Décrets simples ou rendus sur le rapport d'un ministre.

7. Ces décrets sont rendus , sans l'intervention du conseil d'État, sur le rapport d'un ministre; c'est une nomination à un emploi , une destitution, l'ouverture d'un crédit à un département ministériel, etc.

4° Décrets rendus au contentieux.

8. Nous verrons que les litiges administratifs sont jugés par l'administration. Les décrets de cette espèce méritent une attention particulière, et les détails qu'ils comportent se représenteront naturellement lorsque nous traiterons du conseil d'État.

IVᵉ Section. — Voies de recours contre les actes du gouvernement.

9. Il en existe deux : la voie *gracieuse* et la voie *contentieuse.*

La première n'est qu'un appel au gouvernement mieux informé. Le gouvernement peut sans doute, pour s'éclairer, soumettre l'affaire au conseil d'État; mais il n'y a pas litige, et les formes de la procédure sont exclues. Cette voie de recours est propre aux actes administratifs.

La seconde est un appel proprement dit au conseil d'État; il y a procès avec toutes les formes que nous ferons connaître dans le titre III.

10. Il est donc très-important de distinguer les affaires administratives des affaires contentieuses.

En effet, toutes les fois que le gouvernement n'aura lésé qu'un *intérêt,* la voie gracieuse sera seule ouverte.

Toutes les fois que le gouvernement aura blessé, méconnu un *droit,* l'affaire sera contentieuse et l'appel sera porté devant le conseil d'État.

Il va sans dire, et *à fortiori,* que celui qui a le droit de suivre la voie contentieuse, peut employer la voie gracieuse, c'est-à-dire s'adresser au gouvernement lui-même par voie de pétition.

TITRE II

Les Ministres.

—

CHAPITRE Ier.

NOTIONS HISTORIQUES [1].

1. Un ministre est un fonctionnaire que le chef du gouvernement admet dans sa confiance pour administrer une branche quelconque des affaires de l'État, lui faire le rapport de celles qui exigent des ordres spéciaux de sa part, recevoir spécialement ses ordres et les faire exécuter. (Merlin, rép.)

Période de l'ancienne monarchie. — Sous les rois des deux premières races, il n'existait pas de ministres proprement dits. Le *notaire,* l'*apocrisiaire,* le *référendaire,* le *chancelier* lui-même, espèces de secrétaires dont les fonc-

1. Répertoire de Merlin; répertoire du *Journal du Palais;* Macarel, *Cours de Droit administratif.*

tions consistaient à transmettre aux agents subalternes les ordres du roi, n'avaient aucun pouvoir propre.

Ces agents immédiats du pouvoir royal prirent pour la première fois, au temps de Charles VIII, le titre de *secrétaires d'État*, qui fut tiré de la nature même de leurs fonctions. Ils étaient en effet des espèces de secrétaires du roi, chargés de la rédaction des dépêches.

Le chancelier chargé de l'apposition du sceau royal, eût dès le principe sur ses collègues une prééminence qu'il conserva jusqu'à la révolution. On peut dire que les ministres n'ont eu des attributions régulières et définies qu'à partir du 11 mars 1626, en vertu d'un règlement de Louis XIII.

On en comptait quatre alors, mais leur nombre a varié de trois à cinq jusqu'en 1789.

Au moment de la révolution nous trouvons, à part le chancelier, quatre ministres proprement dits :

Celui de la maison du roi et du clergé,

Celui des affaires étrangères,

Celui de la guerre,

Et celui de la marine.

Le chancelier avait seul, de droit, le titre de ministre d'État. Les autres ne l'obtenaient que par leur admission au conseil des affaires étrangères.

Chaque ministre avait, en outre de ses attributions spéciales, l'administration d'un certain nombre de provinces. Aujourd'hui le ministère de la marine, comprenant l'administration des colonies, et le ministère de la guerre, celle de l'Algérie, présentent quelque analogie avec cette organisation.

Période révolutionnaire. — Les ministères furent organisés sur de nouvelles bases en vertu d'une loi du 27 avril 1791, qui peut être considérée comme fondamentale encore aujourd'hui, malgré les modifications qu'elle a subies. Le système vicieux du partage de la France, entre les différents ministres, fut abandonné et remplacé par un système plus rationnel qui consiste à grouper les attributions d'après les rapports qui existent entre les matières.

Au roi fut réservé le droit de nommer et de révoquer les ministres, et aux représentants de la nation celui de statuer sur le nombre, la division et la démarcation des départements ministériels.

L'administration fut divisée en six branches ou ministères :

Justice,

Intérieur,

Guerre,

Marine,

Affaires étrangères,

Finances.

Ces six ministères n'ont pas cessé d'exister ; mais celui de l'intérieur a été démembré pour en former de nouveaux.

Les ministres se réunissaient pour délibérer sur les affaires les plus importantes et formaient alors le *conseil du roi*. C'était le conseil d'État de cette époque.

La qualité de premier ministre fut supprimée.

Les actes du roi devaient être contre-signés par le ministre dans les attributions duquel étaient comprises les matières qui les avaient motivés.

3. Le 10 août 1792, l'Assemblée nationale déclara que les ministres n'avaient pas la confiance de la nation Ils furent remplacés par d'autres, pris hors du sein de l'Assemblée et les pouvoirs du roi furent suspendus.

Le 12 germinal an II (1er avril 1794), les ministres furent remplacés par douze commissions nommées par l'Assemblée nationale, sur la présentation du comité de salut public. Chacune de ces commissions était composée de deux membres et d'un adjoint remplissant les fonctions de secrétaire.

4. Ils furent rétablis par la constitution du 5 fructidor an III (22 août 1795) et le droit de les nommer et de les

révoquer fut dévolu aux directeurs chargés du pouvoir exécutif. Les six ministères de 1791 furent reconstitués.

C'est dans cette période (12 nivôse an iv) que fut créé le ministère de la police générale, depuis plusieurs fois supprimé et rétabli et qui a cessé d'exister aujourd'hui pour rentrer dans les attributions du ministre de l'intérieur. Nous trouvons donc, à cette époque, les sept ministères suivants :

> Justice,
> Intérieur,
> Contributions et revenus publics (Finances),
> Guerre,
> Marine,
> Affaires étrangères,
> Police générale.

Le conseil des ministres de 1791 demeure supprimé.

5. *Consulat et Empire.* — Cette période se signale par de nombreuses modifications dans l'organisation des pouvoirs administratifs et dans la responsabilité des ministres.

Le titre de certains de ces fonctionnaires fut changé et leur nombre fut augmenté.

Le ministre de la justice prit le titre de *grand juge, ministre de la justice.*

Le ministre de la marine devint le *ministre de la marine et des colonies*, et celui des affaires étrangères, le *ministre des relations extérieures.*

Le 4 nivôse an viii (25 décembre 1799) fut créé sous le nom de *secrétaire d'État* un nouveau ministre dont les principales fonctions consistaient à servir d'intermédiaire dans les relations du premier consul, plus tard l'Empereur, avec les ministres et le conseil d'État; à contre-signer les actes du pouvoir exécutif et à tenir la plume aux conseils de gouvernement que l'Empereur réunissait parfois dans son cabinet.

Le 2 vendémiaire an x, le trésor public fut séparé du ministère des finances et forma le *ministère du trésor public.*

Le 21 ventôse an x, l'*administration de la guerre,* détachée du ministère de la guerre, devint un nouveau ministère.

Le 21 messidor an xii, les cultes détachés du ministère de l'intérieur formèrent le *ministère des cultes.*

Le ministère de la police générale fut supprimé le 28 fructidor an x et rétabli le 21 messidor an xii.

Enfin le 22 janvier 1812, le ministère de l'intérieur subit un nouveau démembrement, et le *ministère des manufactures* et *du commerce* fut créé.

Nous ne trouvons pas de conseil des ministres dans cette période, par conséquent pas de responsabilité collective.

Le conseil du gouvernement par excellence fut le conseil d'État dont l'autorité annihilait en quelque sorte celle des ministres.

Restauration. 1814-1830.

La charte de 1814 rétablit le conseil des ministres et la responsabilité collective de ces agents immédiats d'un pouvoir irresponsable. Elle donnait au roi la faculté de les prendre dans les deux chambres. En réalité, il ne les prenait pas ailleurs. C'était une conséquence, en quelque sorte forcée du régime représentatif.

Le ministère d'État fut supprimé.

L'administration de la guerre rentra dans les attributions du ministre de la guerre ; le trésor public, dans celles du ministre des finances, et les cultes furent rendus à l'intérieur.

Le 9 juillet 1815 fut rétabli le ministère de la maison du roi, qui avait cessé d'exister à la révolution de 1789, et que celle de 1830 fit de nouveau disparaître.

Le 24 août 1824, une ordonnance royale ajouta aux autres ministères celui des *affaires ecclésiastiques* et de l'*instruction publique.*

7. *Révolution de juillet.* 1830-1848.

Dans cette période, l'instruction publique, le commerce et

les travaux publics formèrent trois nouveaux ministères, et le nombre des branches de l'administration s'éleva à neuf, savoir :

> Justice et cultes,
> Affaires étrangères,
> Guerre,
> Marine et colonies,
> Intérieur,
> Travaux publics,
> Agriculture et commerce,
> Instruction publique,
> Finances.

Le droit de fixer le nombre et l'organisation des ministères appartenait au roi. Mais la chambre des députés pouvait mettre un frein à l'abus en refusant les crédits demandés pour opérer les modifications.

8. *République*. — La révolution de 1848 laissa subsister les neuf ministères du régime précédent, mais une loi devait en fixer ultérieurement le nombre et les attributions.

Les ministres nommés par le Président de la République formaient un conseil et partageaient avec ce magistrat la responsabilité des actes du gouvernement.

CHAPITRE II.

ORGANISATION ACTUELLE.

9. Aujourd'hui les ministres dépendent du chef de l'État, et ne sont responsables que dans la sphère de leurs attributions spéciales. Il n'existe pas de solidarité entre eux. Le Sénat peut seul les mettre en accusation. Ils ne peuvent être membres du Corps législatif. Cette prohibition n'existait pas auparavant. Nous avons même vu que sous les chartes de 1814 et de 1830, les ministres étaient, de fait, membres de l'une ou l'autre chambre.

10. Le conseil des ministres est supprimé, ce qui ne signifie pas qu'il est interdit aux ministres de se réunir pour s'occuper en commun des affaires publiques, mais qu'ils ont cessé d'être collectivement responsables. Comment concilier ce que nous venons de dire avec le décret de 1852 sur les attributions du ministre d'État, qui charge ce fonctionnaire de la rédaction et de la conservation des procès-verbaux du *conseil des ministres?* Il faut voir là une erreur, dit-on. Je suis plutôt porté à croire qu'il s'agit simplement des procès-verbaux de ces réunions dans lesquelles les ministres s'occupent en commun des affaires de l'État et qui n'ont pas de caractère constitutionnel.

Le ministère de la police générale a été rétabli le 22 janvier 1852 et a cessé d'exister le 21 juin 1853 pour rentrer dans les attributions du ministre de l'intérieur.

Le ministère de l'agriculture et du commerce, supprimé et réuni à l'intérieur, en a été détaché de nouveau pour former un seul ministère conjointement avec les travaux publics.

Un décret du 22 janvier 1852 a fait revivre le ministère d'État du consulat et de l'empire.

11. Il y a aujourd'hui neuf ministères :

Justice,

Affaires étrangères,

Guerre,

Marine et colonies,

Intérieur,

Agriculture, commerce et travaux publics,

Instruction publique et cultes,

Finances,

Ministère d'État et de la maison de l'empereur.

12. Nous ne donnerons pas une nomenclature complète des attributions de chaque ministère parce qu'elle serait sans intérêt ici; nous nous contenterons d'en faire connaître quelques-unes comme exemples.

Le nom du ministère indique en général la nature de ses attributions.

Ainsi au ministère de la justice se rattachent les tribunaux; le personnel, la nomination, la révocation et la discipline des officiers ministériels; les dispenses d'âge pour les mariages; la promulgation des lois; la garde des sceaux de l'État, etc.

Aux affaires étrangères : les ambassades, les consulats, le droit international, les intérêts politiques et commerciaux de la France, la préparation des traités de paix, etc.

A la guerre : la levée des troupes, l'instruction, la discipline des armées, les fortifications, les fournitures, les hôpitaux militaires, les invalides, l'Algérie, etc.

A la marine et aux colonies : les ports, les arsenaux, les constructions navales, la levée des troupes de mer, l'inscription maritime, les colonies, etc.

A l'intérieur : les préfets, sous-préfets, maires, adjoints; l'exécution des lois électorales, la police générale, les lignes télégraphiques, les prisons, etc.

A l'agriculture, commerce et travaux publics : les chambres de commerce, la protection du commerce, les brevets d'invention, les sociétés anonymes, les prud'hommes, les encouragements à l'industrie, au commerce et à l'agriculture, les ponts et chaussées, les mines, les desséchements des marais, etc.

A l'instruction publique et aux cultes : les établissements scientifiques, l'instruction à tous les degrés, les bibliothèques, le bureau des longitudes, les cultes, etc.

Aux finances : l'assiette, la répartition et le recouvrement des contributions, l'administration des domaines nationaux, les monnaies, le mouvement général des fonds, la dette inscrite, la comptabilité générale, etc.

Au ministère d'État et de la maison de l'empereur : les rapports du gouvernement avec le Corps législatif, le Sénat et le conseil d'État, la correspondance de l'empereur avec les divers ministères, le contre-seing des décrets portant nomination des ministres, des présidents du Sénat et du Corps législatif, des sénateurs et des membres du conseil d'État, l'administration des palais nationaux et des manufactures nationales, les beaux-arts, le contre-seing des décrets concernant les matières qui ne sont pas spécialement attribuées à d'autres départements ministériels. Le ministre d'État est officier de l'état civil pour la famille impériale.

L'empereur nomme et révoque les ministres; il peut en augmenter le nombre, le restreindre, réorganiser les services; son pouvoir, à cet égard, n'a pour limite que le refus du Corps législatif de voter les fonds que peuvent nécessiter les réorganisations.

CHAPITRE III.

ATTRIBUTIONS.

13. Les ministres remplissent leurs fonctions de deux manières : 1° en contre-signant les actes de l'empereur; 2° en exerçant un pouvoir propre. Si l'acte intéresse deux ministères, il est contre-signé par deux ministres; le décret par exemple qui ouvre un crédit au ministre de la guerre est contre-signé par ce ministre et par celui des finances. Leur pouvoir propre comprend deux espèces d'attributions, les unes administratives proprement dites, les autres contentieuses.

14. Leurs actes se divisent :

En Règlements,
    Instructions,
    Décisions ou arrêtés,
    Marchés.

15. Les règlements faits en vertu d'une délégation législative et même en vertu des pouvoirs généraux des ministres, ont pour but de régler certains détails qui n'ont pas été

spécialement prévus par la loi ou par un règlement d'administration publique. Ces actes sont divisés en chapitres, sections et articles, comme la plupart des lois.

16. Les instructions ont pour but l'explication du sens d'une loi, d'un règlement ou d'un ordre. On distingue les instructions proprement dites, adressées à un fonctionnaire déterminé, des circulaires que le ministre adresse à une catégorie de fonctionnaires. Ces actes, destinés à servir de règle de conduite pour ceux qui les reçoivent, restent sans force contre les tiers. (Décret impérial du 27 juin 1814, loi du 28 avril 1816). Leur forme est celle des lettres missives.

17. Les décisions ont un caractère de spécialité. C'est par un acte de cette espèce que se manifeste un refus ou une concession dans les limites des pouvoirs du ministre. Elles interviennent en matière contentieuse comme en matière administrative.

18. Les marchés sont passés par les ministres, au nom de l'État, pour ses besoins ou la gestion de ses biens. L'État, comme les particuliers, vend et plus souvent achète. Ces marchés diffèrent des marchés ordinaires. Nous en parlerons plus loin.

Ire SECTION. — Attributions administratives.

19. Les actes des ministres, considérés comme administrateurs, ne sont pas susceptibles d'appel au conseil d'État, et la réformation ne peut en être obtenue que par la voie gracieuse, c'est-à-dire par une pétition au ministre lui-même, mieux informé. Ces actes sont sans contredit les plus nombreux, car les ministres sont avant tout des administrateurs.

IIe SECTION. — Attributions contentieuses.

20. Nous avons divisé les actes des ministres en administratifs et contentieux; la loi leur donne formellement, dans certains cas, le droit de juger, mais c'est une question de

savoir s'ils ont, en droit, une juridiction générale. Nous disons *en droit*, car, *en fait*, et suivant la plupart des auteurs, ils sont juges de droit commun.

On s'appuie, dans le sens de l'affirmative, sur la jurisprudence du conseil d'État, sur quelques textes et sur les avantages que présente cette juridiction.

Le dernier argument est bien pauvre, on en conviendra.

Quant à la jurisprudence du conseil d'État, elle a sans doute une grande autorité; mais ce n'est pas la loi, et ses avis se ressentent peut-être un peu du grand avantage qu'on trouve à livrer aux ministres ce premier degré de juridiction.

Quant aux textes qu'on a invoqués, loin de venir au secours de ceux qui veulent reconnaître, en droit, une juridiction ministérielle, ils militent contre eux. Ces textes ne régissent que des cas particuliers; or, *qui dicit de uno, negat de altero.*

C'est plus, les textes qui ont un caractère de généralité sur cette matière, sont conçus en sens contraire. Ainsi la constitution de l'an viii charge le conseil d'État *de résoudre les difficultés qui s'élèvent en matière administrative.*

L'art. 11 du règlement du 5 nivôse an viii s'exprime d'une manière plus formelle encore s'il est possible; il porte que *le conseil d'État prononce sur les affaires dont la décision était précédemment soumise aux ministres.*

L'esprit général des lois condamne, de son côté, la juridiction des ministres. On sait, en effet, que les textes que nous avons cités sont des actes de réaction contre les ministres qui avaient eu pendant une grande partie de la révolution des pouvoirs très-étendus.

On peut ajouter que cette juridiction est une anomalie, car c'est l'empereur qui juge par les ministres, ses mandataires, et c'est encore lui qui prononce en appel au conseil d'État; c'est-à-dire que de l'empereur on en appelle à l'empereur.

Voilà pour la théorie.

Mais en pratique, nous l'avons dit, les choses se passent

autrement, et, la question de droit réservée, il faut convenir que la juridiction des ministres présente l'avantage incontestable de donner une prompte solution dans une multitude d'affaires qui absorberaient le temps du conseil d'État.

Cette juridiction ne présente d'ailleurs aucun inconvénient, puisque le recours au conseil d'État est toujours ouvert à ceux qui se croient lésés par la décision ministérielle. Nous allons donc oublier notre opinion pour raisonner, toutes les fois que l'occasion s'en présentera, dans le sens de l'opinion contraire.

21. Du principe que les ministres ont une juridiction, nous tirerons les conséquences :

1° Que leurs décisions au contentieux sont susceptibles d'appel;

2° Que l'appel doit être interjeté dans un délai déterminé;

3° Que si l'appel n'est pas formé dans ce délai, la décision acquiert force de chose jugée;

4° Que ces décisions ont force exécutoire;

5° Qu'elles emportent hypothèque judiciaire (Avis du conseil d'État du 16 thermidor an XII et 24 mars 1812);

6° Qu'on ne peut se soustraire à cette juridiction par des conventions particulières;

7° Qu'enfin la contestation ne peut être portée *de plano*, devant le conseil d'État; car il est de principe qu'on doit épuiser le premier degré de juridiction avant de passer au second.

22. Mais comment distinguerons-nous les affaires administratives des affaires contentieuses? Nous avons posé dans le titre premier la règle suivante : Les décisions qui blessent un *droit* appartiennent au contentieux; celles qui lèsent seulement un *intérêt* rentrent dans les attributions administratives. Quelques exemples rendront cette règle plus claire.

Un individu se prétend créancier de l'État; le ministre rejette sa demande ou réduit la créance; le réclamant allègue un *droit :* la décision est contentieuse, et en conséquence susceptible d'appel au conseil d'État.

Un fonctionnaire inamovible, un juge, est destitué par acte du gouvernement. Le siége du juge est un *droit,* une propriété dans certaines mesures, cet acte appartient au contentieux.

Un officier est privé de son grade, par décision du ministre de la guerre; cet acte est contentieux parce que le grade est la propriété de l'officier. Il ne faut pas confondre le grade avec l'emploi : l'emploi n'est pas la propriété de l'officier; l'acte qui le retire est donc purement administratif.

Un combattant de juillet avait obtenu une pension. Plus tard il fut condamné à la déportation, qui avait alors pour conséquence la mort civile. Le ministre ordonna la radiation de cette pension, qu'il prétendait éteinte par l'effet de la mort civile; sur la réclamation du condamné, le conseil d'État maintint la pension par la raison qu'elle devait être considérée comme alimentaire et par conséquent hors des atteintes de la mort civile, aux termes de l'art. 1982 du Code civil. L'acte du ministre avait lésé un *droit.*

Les receveurs généraux sont responsables des receveurs particuliers. Le receveur général décline sa responsabilité en alléguant un cas de force majeure, par exemple, l'invasion à main armée des bureaux du receveur particulier; le réclamant invoque un *droit :* — contentieux.

Un fonctionnaire amovible est destitué : un *intérêt* seulement est lésé; par conséquent le recours par voie contentieuse, c'est-à-dire l'appel au conseil d'État, n'est pas possible.

Nous pourrions multiplier les exemples, mais nous supposons que ceux qui précèdent suffisent pour l'intelligence de l'importante règle que nous avons posée.

23. Les subordonnés des ministres n'ont pas de juridiction, et les décisions qu'ils rendent n'ont d'effet qu'autant qu'elles sont adoptées par le ministre. Ce que nous venons de dire

s'applique aux directeurs généraux, aux intendants militaires, au chancelier de la Légion d'honneur.

IIIe Section. — Forme des décisions ministérielles.

24. Cette forme est libre; il n'existe pas de règles de procédure sur la demande, l'instruction et le jugement des affaires soumises à la juridiction des ministres; elles suivent la filière des bureaux comme les affaires administratives. L'absence de toute forme sacramentelle a cet avantage qu'elle n'expose pas aux inconvénients des nullités résultant des vices de forme.

IVe Section. — Voies de recours contre les décisions ministérielles.

25. Les voies de recours contre les décisions ministérielles, en matière contentieuse, sont l'opposition, la tierce opposition et l'appel.

26. L'opposition est le moyen qu'a toute personne condamnée par défaut de faire rétracter la décision qui lui préjudicie.

En l'absence de toute règle on a décidé qu'elle serait recevable jusqu'à l'exécution. Tant que ce moyen est ouvert, l'appel n'est pas possible, d'après la jurisprudence du conseil d'État.

27. La tierce opposition est le moyen qu'a une personne, lorsqu'elle n'a pas été mise en cause, d'attaquer un jugement qui lui préjudicie. Évidemment, les dispositions des art. 474 à 479, C. procéd. civ., ne sont pas applicables ici. Ce moyen se confond avec l'opposition, par la raison que les ministres dispensés de toute forme de procédure rendent quelquefois des décisions sans assignation régulière.

28. L'appel est recevable pendant les trois mois qui suivent la notification. (Décret du 22 juillet 1806, art. 1er et 11.) Les ministres ne rendent aucune décision en dernier ressort, en matière contentieuse, car aucune loi n'a fixé comme en.

procédure civile une valeur jusqu'à concurrence de laquelle les décisions des ministres sont à l'abri de l'appel.

29. La requête civile est impossible par une raison bien simple, c'est que ce moyen n'est employé que contre les jugements en dernier ressort, et que les ministres ne jugent toujours qu'en premier ressort.

30. La signification des jugements est faite par huissier, lorsqu'elle a lieu à la requête de l'adversaire de l'État et par voie administrative, c'est-à-dire par lettre, lorsqu'elle est faite à la requête du ministre.

31. L'appel est porté devant le conseil d'État, qui peut annuler la décision et renvoyer devant le ministre, ou bien statuer lui-même au fond. Dans le premier cas, son rôle est celui d'une cour de cassation plutôt que d'un tribunal d'appel.

C'est devant ce conseil que sont portées les questions d'incompétence, d'excès de pouvoir aussi bien que le mal jugé au fond.

TITRE III

Conseil d'État.

—

CHAPITRE Ier.

NOTIONS HISTORIQUES.

1. *Ancienne monarchie.* — L'origine du conseil d'État est dans l'ancien conseil du roi.

Autrefois les rois de France étaient législateurs, juges et administrateurs. Mais dans l'impossibilité de remplir seuls toutes ces fonctions, ils eurent recours, dès l'origine de la monarchie, à l'aide et aux lumières, disent les chroniques, des hommes les plus recommandables par leur sagesse, leur savoir et leur *discrétion* [1]. (Nous n'avons pas à nous occuper de la question de savoir si les rois ne se laissèrent jamais influencer, dans leurs choix, par d'autres considérations). C'est ainsi que fut créé le conseil du roi, connu aussi dans l'histoire sous les noms de *conseil secret, grand conseil, conseil prééminent, conseil d'État*, etc.

2. Ce conseil, après avoir été l'objet de nombreuses réorganisations que nous n'avons pas à faire connaître dans cet ouvrage, était composé, au moment de la révolution de 1789, de cinq conseils particuliers, savoir :

1º Le *conseil des affaires étrangères*, qui s'occupait des relations extérieures et que l'on nommait aussi *conseil d'État*, comme le conseil pris dans son ensemble ;

2º Le *conseil royal des finances*. — C'était là qu'étaient portées toutes les questions de finances, de taille, de vérification des comptes du trésor, etc. ;

3º Le *conseil royal du commerce*. — On y examinait les grandes questions intéressant le commerce intérieur et extérieur ;

4º Le *conseil des dépêches*, qui avait dans ses attributions l'administration des provinces. Son nom lui vient sans doute de ce que les affaires s'y traitaient par correspondance.

5º Le *conseil des parties* ou *conseil privé*, qui statuait sur les affaires soumises au roi par évocation, sur les appels des arrêts de parlement, etc. Il se composait des membres de tous les conseils ; le chancelier en était président, et sa voix était prépondérante en cas de partage.

3. *Période révolutionnaire.* — La révolution démolit de fond en comble l'édifice de l'ancienne administration, et des

---

1. Hincmar, 5º *Lettre à Louis le Bègue.* — Henrion de Pansey, *Autorité judiciaire.* — Pasquier, *Recherches.*

ruines du conseil des parties sortit, le 27 novembre 1790, le tribunal de cassation, aujourd'hui cour de cassation. Le règlement de d'Aguesseau, dc 1738, sur la procédure au conseil des parties, fut maintenu, et la plupart de ses dispositions subsistent encore aujourd'hui. Les autres conseils furent supprimés le 27 avril 1791.

L'ancien conseil fut remplacé par un nouveau, composé du roi et des ministres, qui reçut le nom de conseil d'État, et dont les attributions étaient politiques, administratives et contentieuses. Le gouvernement fut de la sorte constitué juge et partie. On eut bien la pensée de créer un tribunal administratif indépendant, mais cette idée, quoique approuvée en principe, n'eut pas de suite.

Après la chute de la monarchie tous les pouvoirs passèrent dans les mains de la Convention.

La constitution du 5 fructidor an III supprima le conseil des ministres, et chacun de ces agents exerça la juridiction contentieuse dans son département, sous l'autorité du Directoire.

4. *Période du consulat et de l'empire.* — Cette période mérite d'être étudiée avec soin, car les monuments législatifs que nous allons passer en revue, ont servi de base à l'organisation actuelle du conseil d'État; il en est même qui sont encore textuellement en vigueur.

La constitution du 22 frimaire an VIII décréta l'établissement d'un nouveau conseil d'État. Un arrêté des consuls du 5 nivôse an VIII en régla l'organisation.

Ce conseil était composé de 30 à 40 membres, divisés en sections et délibérant aussi en assemblée générale.

Cette assemblée ne pouvait avoir lieu que sur la convocation des consuls. Le premier consul, et en son absence un des deux autres la présidait.

Les ministres pouvaient assister aux travaux de l'assemblée générale et des sections, mais sans voix délibérative.

Les sections étaient au nombre de cinq :

Finances,

Législation civile et criminelle,

Guerre,

Marine,

Intérieur.

Elles correspondaient aux ministères, celui des affaires étrangères excepté.

5. La proposition d'une loi ou d'un règlement d'administration publique était provoquée par les ministres, chacun dans la sphère de ses attributions.

Le projet de loi ou le règlement était rédigé par la section compétente sur le renvoi qui en était fait par les consuls. Le travail terminé, le président de la section se rendait près des consuls pour les en informer.

Le premier consul convoquait alors l'assemblée générale du conseil d'État pour la discussion du projet, sur le rapport de la section qui l'avait rédigé. L'avis motivé du conseil était transmis aux consuls.

S'ils approuvaient la rédaction, ils arrêtaient définitivement le règlement, et s'il s'agissait d'une loi, ils en ordonnaient la présentation au corps législatif. Le premier consul nommait parmi les conseillers d'État un ou plusieurs orateurs pour soutenir la discussion du projet de loi.

6. Le conseil d'État *développait le sens des lois*, d'après le règlement du 5 nivôse an viii. On peut soutenir que cette attribution était inconstitutionnelle, car interpréter la loi, c'est la faire dans certaines limites : or, le conseil d'État n'avait pas le droit de faire les lois.

C'est le conseil d'État qui prononçait sur les conflits et *sur les affaires contentieuses soumises précédemment aux minis-tres*. Nous avons déjà cité dans le titre 2 cette dernière disposition du décret du 5 nivôse.

7. Cinq conseillers d'État étaient spécialement chargés chacun d'une branche de l'administration, quant à l'instruction

des affaires seulement; ils en suivaient les détails, signaient la correspondance, recevaient et appelaient toutes les informations, proposaient des décisions aux consuls par l'intermédiaire des ministres.

Les cinq branches de l'administration, qui avaient à leur tête des conseillers, étaient les suivantes :

1o Bois et forêts et anciens domaines;

2o Domaines nationaux ;

3o Ponts et chaussées, canaux de navigation et cadastre;

4o Sciences et arts;

5o Colonies.

Ces conseillers n'avaient pas voix au conseil d'État dans les affaires qui les concernaient.

Un secrétaire général du conseil d'État, nommé en vertu du règlement du 5 nivôse, était chargé de répartir les affaires entre les sections, de tenir la plume dans les assemblées générales, de contre-signer les avis motivés du conseil, etc.

L'arrêté du 7 fructidor an viii avait divisé le service du conseil d'État en ordinaire et extraordinaire.

Étaient conseillers ordinaires ceux qui remplissaient habituellement ces fonctions, et conseillers extraordinaires ceux qui ne faisaient partie du conseil que sur une convocation spéciale.

Une loi du 18 germinal an x étendit les attributions du conseil d'État en lui déférant les *appels comme d'abus.*

Un sénatus-consulte organique du 16 thermidor an x porta le maximum des conseillers à cinquante, et conféra voix délibérative aux ministres.

8. Un arrêté du 19 germinal an xi créa seize auditeurs auprès des ministres et du conseil d'État.

9. Un sénatus-consulte du 28 floréal an xii ajouta au conseil d'État la section du commerce et consacra l'inamovibilité au profit des conseillers qui avaient cinq ans de fonctions en service ordinaire. Le brevet de conseiller d'État à vie ne pou-

vait être retiré que par un arrêt de la haute cour impériale emportant peine afflictive et infamante.

10. Un décret du 11 juin 1806 nomma des maîtres des requêtes. Leur service, et celui des auditeurs, fut divisé en ordinaire et extraordinaire.

Les maîtres des requêtes étaient chargés de la préparation des affaires et des rapports. Ils avaient voix consultative seulement. Cependant le maître des requêtes, chargé du rapport dans les affaires contentieuses, avait voix délibérative.

Le même décret institue des avocats au conseil qui ont le droit exclusif de signer les mémoires et requêtes des parties.

Il élargit aussi la compétence du conseil en lui déférant les affaires de haute police administrative et les difficultés survenues à l'occasion des marchés passés entre l'État et les particuliers.

Le titre IV du même décret organise une commission, présidée par le ministre de la justice et composée de six maîtres des requêtes et de six auditeurs pour l'instruction des affaires contentieuses.

11. Jusqu'ici nous manquons de règles bien déterminées pour procéder devant le conseil d'État. Elles nous seront fournies par un décret du 22 juillet 1806, qui a pour base le règlement de 1738 du célèbre d'Aguesseau.

Un décret du 26 novembre 1809 réorganise le service des auditeurs. Il les divise en deux classes : quarante de la première, cent vingt de la seconde.

Un décret du 7 avril 1811 porte à trois cent cinquante le nombre des auditeurs en service ordinaire, et les divise en trois classes.

D'après un autre décret du 8 avril 1813, les grands officiers de la couronne et les maréchaux de la suite de l'empereur ont voix consultative et délibérative au conseil, lorsqu'il est présidé par l'empereur.

Période de la restauration. — 12. La charte de 1814 ayant

passé sous silence le conseil d'État, on prétendit que le rétablissement de ce corps était inconstitutionnel. Ses partisans répondaient que le conseil d'État n'était pas un pouvoir ayant une existence propre et indépendante, mais un auxiliaire du pouvoir exécutif, qui avait bien le droit de s'entourer d'un certain nombre d'hommes, dont l'aide et les lumières pouvaient lui paraître nécessaires. Ce raisonnement était fondé ; mais d'un autre côté la chambre des députés avait le droit incontestable de refuser les sommes portées au budget pour une institution qui pouvait lui sembler inutile.

Une ordonnance du 29 juin 1814 établit deux conseils : 1° *conseil d'en haut;* 2° *conseil privé ou des parties, ou conseil d'État.*

Cette création était un retour vers le passé, mais un passé antérieur à la révolution. « Nous nous sommes fait présenter, dit Louis XVIII dans le préambule de son ordonnance, les règlements faits par les rois nos prédécesseurs, sur cette matière, et nous avons reconnu qu'il serait difficile d'arriver à un meilleur système. »

Le *conseil d'en haut* était composé des princes de la famille royale, du chancelier de France, des ministres secrétaires d'État, et de maîtres des requêtes qu'il plaisait au roi d'y appeler à chaque séance.

13. Le *conseil d'État* était composé de vingt-cinq membres en service ordinaire, de conseillers en service extraordinaire, et de conseillers honoraires, de cinquante maîtres des requêtes ordinaires.

Dans la même ordonnance et par réminiscence du passé, Louis XVIII s'était réservé le droit de créer des conseillers d'État, *d'église et d'épée.*

Cette ordonnance mentionne aussi les maîtres des requêtes surnuméraires et honoraires ; mais il n'y est rien dit des auditeurs : on le comprend, il n'y en avait pas avant 1789.

Nous nous abstiendrons d'analyser dans toutes ses dispositions cette ordonnance dont l'existence n'a été qu'éphémère. Elle fut abrogée par un décret impérial du 31 mars 1815, qui rétablit la commission du contentieux telle qu'elle était organisée par les décrets du 11 juin et du 22 juillet 1806, avec quelques modifications sans importance au fond.

14. Louis XVIII, rentré en France, reconnut les vices de l'ordonnance du 29 juin 1814 et l'abrogea par une autre ordonnance du 23 août 1815. Malgré sa répugnance pour tout ce qui datait de la révolution et de l'empire, il sentit la nécessité d'abandonner un système usé, et il établit un conseil d'État qui rappelait un peu celui de l'empire.

Le préambule de la nouvelle ordonnance est remarquable, rapproché surtout de celui de l'ordonnance du 29 juin 1814. Nous le transcrivons, parce qu'il montre clairement l'esprit qui a présidé à cette réorganisation du conseil d'État : « Sur le compte qui nous a été rendu de la nécessité de mettre l'organisation et les attributions de notre conseil d'État en harmonie avec les formes de notre gouvernement et avec le caractère d'unité et de solidarité que nous avons jugé à propos de donner à notre ministère ; considérant que notre ordonnance du 29 juin de l'an de grâce 1814, ne saurait, à cet égard, remplir le but que nous nous proposons et qu'il est indispensable d'opérer, sans délai, les changements nécessaires à cet effet, tant afin de pourvoir à la prompte expédition des affaires contentieuses que notre conseil d'État est appelé à examiner, que pour donner à notre ministère les secours dont il peut avoir besoin pour la préparation des ordonnances, travaux législatifs qui doivent nous être soumis, etc. »

Le service fut divisé, comme sous l'empire, en ordinaire et extraordinaire.

Le garde des sceaux fut chargé de soumettre à l'approbation du roi, chaque année, le tableau des conseillers et maîtres des requêtes qui devaient composer le service ordinaire.

Le maximum des conseillers en service ordinaire était fixé

à trente; celui des maîtres des requêtes à quarante. Il n'y avait pas d'auditeurs; les membres de la famille royale ne faisaient point partie du conseil d'État à cause de la position gênante dans laquelle leur présence pouvait mettre les ministres responsables.

Ce conseil fut divisé en cinq comités :

1º Législation,

2º Contentieux,

3º Finances,

4º Intérieur et commerce,

5º Marine et colonies.

La section du contentieux connaissait de tout le contentieux de l'administration des divers départements ministériels, d'après les attributions assignées à la commission du contentieux par les décrets des 11 juin et 22 juillet 1806.

Les avis rédigés en forme d'ordonnance étaient délibérés et arrêtés en conseil d'État dont les divers comités se réunissaient à cet effet deux fois par mois, et plus souvent si c'était nécessaire.

Les ministres secrétaires d'État avaient séance dans cette réunion.

Les assemblées générales étaient présidées par le roi, s'il le jugeait convenable, et à son défaut par le président du conseil, enfin à défaut de ce dernier, par le garde des sceaux.

Une ordonnance du 19 avril 1819 établit un nouveau conseil, dit *conseil de cabinet*, présidé par le roi ou par le président du conseil des ministres, et composé de tous les ministres secrétaires d'État, de quatre ministres d'État [1] au plus et de deux conseillers d'État. Il discutait toutes les questions de gouvernement, les matières de haute administration ou de législation qui lui étaient soumises de la part du roi.

La même ordonnance créa le comité de la guerre, et

1. Les ministres d'État étaient des conseillers privés du roi.

décida que les règlements d'administration publique auraient dans leur préambule, ces mots: *Notre conseil d'État entendu.*

Une autre ordonnance du 26 août 1824 est relative à une réorganisation du conseil d'État. Ce qu'elle contient de plus important est le rétablissement des auditeurs dont le nombre est fixé à trente, divisés en deux classes, ne recevant aucun traitement, et tenus, comme sous l'empire, de justifier d'un revenu de six mille francs au moins.

Période de la monarchie de 1830. — 15. La charte de 1830, comme celle de 1814, avait passé sous silence le conseil d'État. Les attaques dirigées contre cette institution furent plus vives que jamais [1]. Elle fut néanmoins maintenue, mais elle dut subir l'influence des idées libérales qui avaient présidé à la chute d'une monarchie.

16. Ainsi, l'ordonnance du 2 février 1831 introduisit la publicité dans les séances et la discussion orale dans les affaires contentieuses. L'opinion publique demandait un tribunal administratif, mais on ne fit pas droit à cette réclamation.

L'ordonnance du 2 février présentait un inconvénient; elle plaçait la lecture du projet d'ordonnance avant les observations orales, de sorte que l'opinion du comité se trouvait formée avant la défense. L'ordonnance du 12 mars fit disparaître cet inconvénient.

Un ministère public près du conseil d'État fut institué; trois maîtres des requêtes étaient désignés au commencement de chaque trimestre par le ministre président du conseil, pour en remplir les fonctions.

La même ordonnance décida que la publicité ne serait pas applicable aux autorisations de plaider demandées par les communes et établissements publics; aux demandes d'autorisation de poursuivre devant les tribunaux les fonctionnaires publics pour raison de leurs fonctions, et aux appels comme

1. Vidaillan, p. **3**, *du Conseil d'État.*

d'abus, parce que ces sortes d'affaires sont plutôt des actes de tutelle ou de haute administration que des affaires contentieuses proprement dites.

Une ordonnance du 13 mai 1831 admit les auditeurs de première classe à exercer concurremment avec les maîtres des requêtes les fonctions du ministère public.

Celle du 9 septembre 1831 décida que les prises maritimes ne seraient pas soumises à des débats publics, par la raison que le jugement, dans ces affaires, peut être influencé par des considérations diplomatiques, et que le secret est quelquefois nécessaire en diplomatie.

Une ordonnance du 5 février 1838 établit un comité des travaux publics, de l'agriculture et du commerce.

Celle du 18 septembre 1839, la plus importante de cette période, réorganisa le conseil d'État. Elle divisa le service en ordinaire et extraordinaire. Le service ordinaire fut composé :

Des ministres secrétaires d'État,

De 30 conseillers d'État,

De 30 maîtres des requêtes,

De 80 auditeurs,

D'un secrétaire général ayant rang et titre de maître des requêtes.

Le service extraordinaire se composait des personnes appelées en vertu d'une ordonnance royale, comme conseillers ou maîtres des requêtes.

L'ordonnance détermina les personnes qui seules pouvaient être appelées.

Le nombre des conseillers extraordinaires, dans les travaux et délibérations, ne pouvait excéder le tiers des conseillers ordinaires, afin qu'il ne fût pas possible aux ministres, dans l'occasion, de fausser l'opinion du conseil d'État en appelant un certain nombre de leurs partisans.

La même ordonnance contenait une garantie morale en faveur des conseillers et des maîtres des requêtes en service

ordinaire : ils ne pouvaient être révoqués, suivant l'art. 7,
qu'en vertu d'une ordonnance du roi, spéciale et individuelle,
rendue sur le rapport du ministre président du conseil d'État
et sur l'avis du conseil des ministres.

Le conseil était divisé en six comités :

1° Législation,

2° Guerre et marine,

3° Intérieur et instruction publique,

4° Commerce, agriculture et travaux publics,

5° Finances,

6° Contentieux.

Le rapport des affaires était fait au comité du contentieux
et au conseil d'État par un maître des requêtes ou un auditeur désigné à cet effet par le président du comité. Les auditeurs avaient voix délibérative au comité et consultative à
l'assemblée générale, dans les affaires qu'ils y rapportaient
seulement.

Trois maîtres des requêtes en service ordinaire étaient
désignés tous les six mois, par le garde des sceaux, pour
remplir les fonctions de commissaires du roi dans toutes les
affaires contentieuses. Ils assistaient aux séances du comité
du contentieux.

Les affaires contentieuses étaient rapportées au conseil
d'État en assemblée générale et en séance publique. Les
conseillers d'État et maîtres des requêtes en service ordinaire
siégeaient seuls à ces assemblées générales : les auditeurs y
étaient admis. Après les rapports, les avocats des parties
pouvaient présenter des observations orales. Le commissaire
du roi donnait son avis. Les maîtres des requêtes n'avaient
pas voix délibérative, le rapporteur excepté. Le conseil d'État
ne pouvait délibérer qu'en nombre impair, et si, au moins,
quinze de ses membres ayant voix délibérative, étaient
présents. Si les membres étaient en nombre pair, le plus
ancien maître des requêtes était appelé avec voix délibéra-

tive. Les membres du conseil qui n'avaient point entendu le rapport, les observations des avocats et l'avis du commissaire du roi, ne pouvaient prendre part à la délibération.

Cette délibération non publique était prise à la majorité des suffrages.

Le gouvernement de juillet voulut donner à l'organisation du conseil d'État la consécration d'une loi. Mais la matière n'était pas sans difficultés, si l'on en juge par le nombre des projets qui furent présentés aux chambres, à partir de 1833. Le sixième seulement fut adopté et devint la loi de 1845. Nous ne dirons rien spécialement de cette loi, qui n'est, presque en tous points, que la reproduction de l'ordonnance de 1839.

Période Républicaine. — 17. Le conseil d'État que nous venons de voir n'était pas en harmonie avec les institutions républicaines; aussi ne fut-il maintenu que provisoirement et jusqu'à ce que la constitution de 1848 fût sortie du sein de l'Assemblée constituante. En attendant, le gouvernement provisoire supprima le service extraordinaire et réduisit à vingt-cinq le nombre des conseillers ordinaires.

Jusqu'à la constitution de 1848, le conseil d'État n'a joué qu'un rôle secondaire, celui de donneur *d'avis*, d'instrument du pouvoir exécutif. Mais à cette époque, sans cesser d'être un conseil, il devient un des pouvoirs publics.

En matière contentieuse il *juge*, tandis qu'auparavant il ne faisait que proposer les décisions du pouvoir exécutif. En matière législative, il prépare les projets de loi, fait des règlements d'administration indépendamment du pouvoir exécutif. En matière administrative, il exerce un contrôle sur les actes de l'administration.

18. Ce conseil établi en principe par l'art. 71 de la constitution de 1848, fut organisé par la loi du 3 mars 1849.

Voici sa composition :

Le vice-président de la République, président de droit;

Quarante conseillers d'État (le service extraordinaire est supprimé).

Les conseillers étaient nommés par l'Assemblée pour six ans et renouvelés par moitié tous les trois ans. Ils ne pouvaient être révoqués que par l'Assemblée et sur la proposition du président de la République.

Il y avait auprès du conseil d'État :

24 maîtres des requêtes,

24 auditeurs,

1 secrétaire général ayant titre et rang de maître des requêtes.

1 secrétaire du contentieux.

Tous étaient *fonctionnaires attachés au conseil d'État* et n'en étaient pas membres par conséquent.

Les maîtres des requêtes étaient nommés par le président de la République sur une liste double en nombre formée par le président du conseil d'État et les présidents de sections; ils avaient voix consultative seulement.

19. Les auditeurs obtenaient leurs places au concours. Ils avaient un traitement de 2,000 francs et n'étaient soumis à aucune justification de revenus personnels.

Leurs fonctions duraient quatre ans. Ils avaient droit à un quart des emplois de sous-préfets vacants; et les anciens auditeurs, après cinq ans de service dans l'administration, avaient, en outre, droit à un quart des emplois des maîtres des requêtes, et ils étaient chargés d'assister les conseillers d'État et les maîtres des requêtes rapporteurs dans la préparation et l'instruction des affaires.

Ils avaient voix consultative dans les affaires dont le rapport leur était confié.

Le conseil était divisé en trois sections :

Section de législation,

Section d'a ministration,

Et section (contentieux.

CHAPITRE II.

ORGANISATION ACTUELLE DU CONSEIL D'ÉTAT.

20. Le conseil d'État de la République a suivi le sort de cette forme de gouvernement; un nouveau conseil d'État, créé par la constitution du 14 janvier 1852, a été organisé par le décret du 25 janvier de la même année.

L'empereur le préside quand il le juge convenable.

Il est composé :

1° D'un président titulaire qui préside l'assemblée générale en l'absence de l'empereur et qui peut présider aussi les différentes sections, ainsi que l'assemblée délibérant au contentieux, et d'un vice-président choisi parmi les présidents de sections ;

2° De quarante à cinquante conseillers en service ordinaire ;

3° De conseillers d'État en service ordinaire, hors sections, dont le nombre ne peut excéder quinze ;

4° De conseillers en service extraordinaire, vingt au maximum ;

5° De quarante maîtres des requêtes, divisés en deux classes de vingt chacune ;

6° De quatre-vingts auditeurs, vingt de première classe et soixante de deuxième classe (décret du 25 novembre 1853) ;

7° De maîtres des requêtes et auditeurs en service extraordinaire, dont le nombre n'est pas limité ;

8° Des *princes français* dès qu'ils ont atteint l'âge de dix-huit ans; mais ils ne peuvent siéger qu'avec l'autorisation de l'empereur ;

9° Enfin d'un secrétaire général ayant le titre et le rang de maître des requêtes.

Les ministres ont rang, séance et voix délibérative au conseil d'État.

Les fonctions de conseiller d'État et de maître des requêtes en service ordinaire sont incompatibles avec la qualité de sénateur ou de député, et avec toutes les fonctions publiques salariées. Mais cette disposition n'est pas applicable aux officiers généraux de terre et de mer, qui sont considérés pendant qu'ils exercent les fonctions de conseillers, comme en mission hors cadre. Ils ne perdent point leurs droits à l'ancienneté.

Les conseillers d'État en service ordinaire, hors sections, sont choisis parmi les hauts fonctionnaires, même de l'ordre judiciaire, ce qui fait qu'on s'est demandé si cette disposition n'était pas contraire au principe de la séparation des pouvoirs. Ils ont voix délibérative dans l'assemblée générale et ne reçoivent pas de traitement comme conseillers d'État. Leur nom dit assez clairement qu'ils ne font partie d'aucune section.

Les conseillers d'État en service extraordinaire ne peuvent prendre part aux délibérations de l'assemblée générale que sur une convocation spéciale, et ne sont attachés à aucune section. Ce titre ne peut être conféré qu'à des conseillers d'État qui cessent d'exercer leurs fonctions.

Les maîtres des requêtes sont attachés aux sections et chargés spécialement des rapports.

Le titre de maître des requêtes en service extraordinaire peut être conféré aux maîtres des requêtes en service ordinaire qui cessent d'appartenir au conseil d'État.

Les auditeurs prennent part aux travaux de la section à laquelle ils appartiennent. Le décret du 25 novembre 1853 a réorganisé l'auditorat dans le but d'en faire une espèce d'école d'administration.

Nul ne peut être nommé auditeur s'il n'est âgé de vingt ans au moins, s'il n'a été reçu docteur ou licencié dans l'une des facultés, s'il n'a été admis aux écoles polytechnique, de Saint-Cyr, ou navale, ou enfin s'il n'a été jugé admissible par une commission d'examen composée de trois. membres du conseil d'État.

Ne sont admis à subir cet examen que les candidats qui ont été préalablement portés sur une liste agréée par l'empereur.

Les auditeurs de première classe ne peuvent assister aux assemblées générales du conseil d'État présidées par l'empereur, qu'en vertu d'une autorisation spéciale.

Les auditeurs, indépendamment de leur participation aux travaux du conseil, peuvent être attachés au ministère auquel correspond la section à laquelle ils appartiennent.

Un auditeur peut aussi être attaché à une des préfectures désignées par l'empereur, et le préfet peut le charger de remplacer provisoirement les sous-préfets absents ou empêchés ; lui confier l'instruction d'affaires administratives ou contentieuses ; lui donner des missions dans le département ou lui déléguer dans l'arrondissement chef-lieu quelques-unes des attributions déférées aux sous-préfets dans les autres arrondissements. Il assiste aux séances du conseil de préfecture avec voix consultative, et peut, dans les affaires non contentieuses, remplir le rôle de rapporteur. Il est considéré comme étant en mission, et continue d'appartenir au service ordinaire du conseil d'État. S'il est de deuxième classe, il reçoit une indemnité annuelle égale au traitement des auditeurs de première classe.

Ceux qui sont nommés secrétaires généraux de préfecture, sous-préfets, attachés de légation, ou qui sont appelés à toute autre fonction permanente qui les oblige à résider hors Paris, peuvent être autorisés par l'Empereur à prendre le titre d'auditeurs en service extraordinaire.

Le secrétaire général du conseil d'État tient la plume à l'assemblée générale, signe seul et certifie les expéditions des actes, décrets, avis du conseil d'État délivrés aux personnes qui ont qualité pour les réclamer. Il garde les archives et propose la nomination des employés du secrétariat.

Le conseil d'État délibère en sections ou en assemblée générale. Les sections sont au nombre de six :

1º Législation, justice et affaires étrangères,

2º Contentieux,

3º Intérieur, instruction publique et cultes,

4º Travaux publics, agriculture et commerce,

5º Guerre et marine,

6º Finances.

L'empereur s'est réservé le droit de modifier cette division par un décret.

Chaque section est présidée par un conseiller d'État en service ordinaire, désigné par l'empereur.

Il est tenu dans chaque section deux rôles, l'un pour les affaires urgentes, l'autre pour les affaires ordinaires.

Le président de la section désigne celles des affaires qui sont réputées urgentes.

Le président de la section du contentieux distribue les affaires entre les trois maîtres des requêtes chargés de remplir les fonctions de ministère public.

Les sections préparent les travaux afférents aux ministères auxquels elles correspondent et rédigent, sur le renvoi qui leur en est fait par l'empereur, les projets de loi rentrant dans les attributions de ces ministères.

Le président du conseil d'État peut toujours réunir la section de législation à telle autre section spécialement chargée de la préparation d'une loi ou d'un règlement d'administration publique.

En outre des affaires qui lui sont déférées, la section de législation, de justice et des affaires étrangères est chargée de l'examen des affaires relatives : 1º à l'autorisation des poursuites dirigées contre les agents du gouvernement ; 2º aux prises maritimes.

Aucune section ne peut délibérer si trois conseillers d'État, au moins, ne sont présents.

21. On distingue deux assemblées générales : celle du contentieux, qui est une assemblée générale restreinte, dont nous nous occuperons plus tard, et l'assemblée générale du conseil d'État, qui comprend tous les conseillers d'État en service ordinaire, composant les sections ou hors sections, ainsi que les conseillers en service extraordinaire spécialement convoqués.

Les délibérations de l'assemblée générale du conseil d'État sont prises à la majorité des voix, sur le rapport fait par un conseiller pour les affaires les plus importantes et par un maître des requêtes pour les autres ; elles ne peuvent avoir lieu qu'autant que vingt membres au moins sont présents, non compris les ministres.

Les votes ont lieu par assis et levé, ou par appel nominal.

Les décrets rendus après délibération de l'assemblée générale portent seuls cette mention : *le conseil d'État entendu.*

Les décrets rendus après la délibération d'une ou plusieurs sections, indiquent la section ou les sections entendues ; par exemple, *la section des finances entendue* ou *la section des finances et celle de législation, de justice et des affaires étrangères entendues.*

Enfin les décrets rendus après délibération de l'assemblée générale du contentieux : *le conseil d'État au contentieux entendu.*

Certaines affaires peuvent être traitées dans les sections ; d'autres doivent nécessairement être portées à l'assemblée générale du conseil d'État. L'art. 13 du décret du 30 janvier 1852, modifié par le décret du 25 mars sur la décentralisation administrative et par le sénatus-consulte du 25 décembre 1852 nous donne l'énumération de ces dernières.

Cet article est ainsi conçu :

22. « Art. 13. — Sont portés à l'assemblée générale du conseil d'État,

Les projets de loi et les projets de règlement d'administration publique ;

Les projets de décrets qui ont pour objet :

1° L'enregistrement des bulles et autres actes du Saint-Siége ;

2° Les recours pour abus ;

3° Les autorisations de congrégations religieuses et la vérification de leurs statuts ;

4° Les prises maritimes ;

5° *Les concessions de portions du domaine de l'État* et les concessions de mines, soit en France, soit en Algérie. »

Nous verrons en expliquant les matières administratives, quelle est la part faite au préfet par le décret du 25 mars 1852, dans les concessions de portions du domaine de l'État.

« 6° *L'autorisation ou la création d'établissements d'utilité publique fondés par les départements, les communes ou les particuliers;* »

Le tableau B du décret du 25 mars 1852 sur la décentralisation administrative porte dans son n° 6 que les préfets peuvent statuer sur la formation et l'autorisation des sociétés de secours mutuels qui ne rempliraient pas les conditions voulues pour être déclarées d'utilité publique. Les sociétés de cette espèce ne peuvent recevoir des dons et legs.

7° « L'établissement des routes départementales, des canaux et chemins de fer d'embranchement *qui peuvent être autorisés par décrets du pouvoir exécutif;* » (v. p. 47.)

8° La concession des desséchements ;

9° La création de tribunaux de commerce et de conseils de prud'hommes, la création ou prorogation des chambres temporaires dans les cours ou tribunaux ;

10° L'autorisation des poursuites intentées contre les agents du gouvernement ;

11° Les naturalisations, révocations et modifications des autorisations accordées à des étrangers d'établir leur domicile en France ;

12° L'autorisation aux établissements d'utilité publique, aux établissements ecclésiastiques, aux congrégations religieuses, aux *communes et départements,* d'accepter des dons et legs dont la valeur excéderait 50,000 fr. »

Aux termes du décret du 25 mars 1852, n° 6 du tableau A, le préfet statue sur l'acceptation ou le refus des dons et legs · au département, lorsqu'ils sont faits sans charges ni affectations immobilières, ou qui ne donnent pas lieu à réclamation de la part des héritiers.

Aux termes du même décret, n° 42 du même tableau, le préfet statue sur les dons et legs en faveur des communes, lorsqu'il n'y a pas de réclamation de la part des familles, mais la loi ne dit rien des charges immobilières.

Si des dons ou legs étaient faits en faveur d'un établissement pour lequel l'autorisation du gouvernement fût nécessaire et en faveur d'une commune ou d'un département, dans les cas où le préfet est compétent, par exemple : en faveur d'un établissement religieux et de la commune, il faudrait obtenir l'autorisation du gouvernement pour ce qui concerne l'établissement religieux, et celle du préfet pour ce qui regarde la commune.

13° Les autorisations de sociétés anonymes, tontines, comptoirs d'escompte et autres établissements de même nature;

14° L'établissement des ponts avec ou sans péage;

15° *Le classement des établissements dangereux, incommodes ou insalubes;* la suppression de ces établissements dans les cas prévus par le décret du 15 octobre 1810;

16° *Les tarifs des droits d'inhumation dans les communes de plus de cinquante mille âmes;* »

Cette matière a été décentralisée, l'autorisation du préfet est maintenant suffisante.

17° « Les établissements ou suppressions de tarifs d'octroi et les modifications à ces tarifs;

18° *L'établissement de droits de voirie dans les communes de plus de vingt-cinq mille âmes;* »

Cette matière est aujourd'hui dans les attributions du préfet.

19° « Les caisses de retraites des administrations publiques, départementales ou communales;

20° Les diverses affaires qui, n'étant pas désignées dans le présent article, sont, après examen dans une section, renvoyées à l'assemblée générale par ordre du président de la République (l'empereur);

21° Enfin les affaires qu'à raison de leur importance, les présidents de section, d'office, ou sur la demande de la section, croient devoir renvoyer à l'examen de ladite assemblée, ainsi que celles sur lesquelles le gouvernement demande qu'elle soit appelée à délibérer. »

CHAPITRE III.

ATTRIBUTIONS DU CONSEIL D'ÉTAT.

23. Aux termes du décret du 25 janvier 1852, le conseil d'État, sous la direction de l'empereur, rédige les projets de loi et en soutient la discussion devant le Corps législatif. Il propose les décrets qui statuent : 1° sur les affaires administratives dont l'examen lui est déféré par les dispositions législatives ou réglementaires; 2° sur le contentieux administratif; 3° sur les conflits d'attributions entre l'autorité administrative et l'autorité judiciaire. Il est nécessairement appelé à donner son avis sur tous les décrets portant règlement d'administration publique ou qui doivent être rendus dans la forme de ces règlements. Il connaît des affaires de haute police administrative, à l'égard des fonctionnaires dont les actes sont déférés à sa connaissance par l'empereur. Enfin il donne son

avis sur toutes questions qui lui sont soumises par l'empereur
ou par les ministres.

Il résulte de ce qui précède, que les attributions du conseil
d'État peuvent être divisées en attributions

    Législatives,

    Administratives,

    Contentieuses.

Ire Section. — Attributions législatives.

24. Le pouvoir législatif est exercé par l'empereur, le
Corps législatif et le Sénat.

L'empereur s'est réservé l'initiative des lois. Elles peuvent
être discutées et sont votées par le Corps législatif, et d'après
l'art. 25 de la constitution du 14 janvier aucune loi ne peut
être promulguée sans avoir été soumise au Sénat.

L'art. 26 porte que le Sénat s'oppose à la promulgation :

1° Des lois qui seraient contraires ou qui porteraient
atteinte à la constitution, à la religion, à la morale, à la
liberté des cultes, à la liberté individuelle, à l'égalité des
citoyens devant la loi, à l'inviolabilité de la propriété et au
principe de l'inamovibilité de la magistrature ;

2° De celles qui pourraient compromettre la défense du
territoire.

Le rôle du conseil d'État dans la confection des lois est
tracé par la constitution du 14 janvier, et le décret du 31 décembre 1852 qui a reproduit la plupart des dispositions du
décret du 22 mars 1852 qu'il a abrogé.

D'après ce décret, les projets de loi préparés par les différents départements ministériels sont soumis à l'empereur, qui
les remet directement ou les fait adresser par le ministre
d'État au président du conseil d'État.

Les projets de loi, après avoir été élaborés au conseil
d'État, conformément à l'art. 50 de la constitution, sont

remis à l'empereur par le président du conseil d'État, qui y joint les noms des commissaires qu'il propose pour en soutenir la discussion devant le Corps législatif ou le Sénat.

Un décret de l'empereur ordonne la présentation du projet de loi au Corps législatif et nomme les conseillers d'État chargés d'en soutenir la discussion.

Ampliation de ce décret est transmise avec le projet de loi au Corps législatif par le ministre d'État. Les projets sont imprimés, distribués et mis à l'ordre du jour des bureaux, qui les discutent et nomment au scrutin secret et à la majorité une commission de sept membres chargée d'en faire le rapport.

Tout amendement provenant de l'initiative d'un ou plusieurs membres, est remis au président et transmis par lui à la commission. Toutefois aucun amendement n'est reçu après le dépôt du rapport fait en séance publique.

Si l'amendement est adopté par la commission, elle en transmet la teneur au président du Corps législatif, qui le renvoie au conseil d'État, et il est sursis au rapport de la commission jusqu'à ce que le conseil d'État ait émis son avis. La commission peut déléguer trois de ses membres pour faire connaître au conseil d'État les motifs qui ont déterminé son vote.

Si l'avis du conseil, transmis à la commission par l'intermédiaire du président du Corps législatif, est favorable, ou qu'une nouvelle rédaction admise au conseil d'État soit adoptée par la commission, le texte du projet de loi à discuter en séance publique est modifié conformément à la nouvelle rédaction adoptée. Si cet avis est défavorable ou que la nouvelle rédaction admise au conseil d'État ne soit pas adoptée par la commission, l'amendement est regardé comme non avenu.

On peut se demander si l'admission d'un amendement par le conseil d'État n'est pas contraire à la règle que l'initiative des lois appartient à l'Empereur. Admettre un amendement sans la participation de l'empereur, n'est-ce pas, dans certaines limites, proposer la loi? Le cas n'a pas été prévu d'une manière expresse, mais la négative semble conforme à l'esprit du décret du 31 décembre 1852 et à la constitution, d'autant plus que le projet peut toujours être retiré par le gouvernement.

IIᵉ Section. — Attributions administratives.

25. Ces attributions peuvent être divisées : 1° en attributions administratives proprement dites ; 2° en attributions gouvernementales et politiques ; 3° en attributions tutélaires.

§ 1. — *Attributions administratives proprement dites.*

26. Nous n'entreprendrons pas une nomenclature sans intérêt, nous nous contenterons d'examiner quelques-unes des attributions administratives du conseil d'État, parmi les plus importantes.

Ainsi le conseil d'État est appelé à donner son avis :

1° *Sur les décrets portant règlement d'administration publique ou qui doivent être rendus dans la forme de ces règlements.*

Nous n'avons rien à ajouter à ce que nous avons dit au titre Iᵉʳ sur ces actes dont l'importance est incontestable, et qui, pour cette raison, doivent être préparés par le conseil d'État.

2° *L'établissement des routes, canaux, chemins de fer, etc.*

La loi du 3 mai 1841 distinguait deux espèces de travaux : les travaux de premier ordre et ceux de second ordre.

Les premiers ne pouvaient être autorisés que par une loi, Une ordonnance royale suffisait pour les autres.

La rédaction du n° 7 de l'art. 13 du décret du 30 janvier 1852 se rapporte à cette distinction. Mais aujourd'hui, aux termes de l'art. 4 du sénatus-consulte du 25 décembre 1852, tous les travaux peuvent être autorisés par un décret de l'empereur. Toutefois l'intervention du Corps législatif est nécessaire pour le vote des subsides que peut exiger leur exécution.

Nous reviendrons plus tard sur ces matières.

3° *Les concessions de portions du domaine de l'État et les concessions de mines, soit en France, soit en Algérie.*

Une concession est, ici, l'abandon fait par l'État à des particuliers ou à des compagnies, de la propriété ou de la jouissance de biens domaniaux.

Les concessions ont de l'analogie avec la vente et le louage, mais elles en diffèrent sous beaucoup de rapports.

L'État n'a pas, comme les particuliers en général, le droit de disposer librement de ses biens. Il ne peut le faire, en principe, qu'en vertu d'une loi et aux enchères. Mais cette règle n'est pas sans exception. Nous verrons, en effet, que dans certains cas, l'aliénation se fait en vertu d'une loi, mais sans enchères; dans d'autres, sans l'intervention du législateur, avec ou sans enchères.

En principe, l'aliénation sans l'intervention du législateur nécessite l'intervention du conseil d'État. C'est le cas prévu par le n° 5 de l'art. 13 du décret du 30 janvier 1852.

Cette matière a été modifiée dans certaines mesures par le décret du 25 mars 1852 sur la décentralisation administrative. Mais le moment n'est pas encore venu de la traiter avec tous les détails qu'elle comporte.

4° *La concession des desséchements.*

Un titre spécial est consacré à cette matière dans la deuxième partie de cet ouvrage. V. *Desséchemeut des marais.*

5° *La création de tribunaux de commerce et de conseils de prud'hommes; la création ou la prorogation des chambres temporaires dans les cours et tribunaux.*

L'art. 615 du Code de commerce porte qu'un règlement d'administralion publique déterminera le nombre des tribunaux de commerce et les villes qui seront susceptibles d'en recevoir par l'étendue de leur commerce et de leur industrie.

La loi du 20 avril 1810 (art. 5 et 39) est relative à la création et à la prorogation des chambres temporaires dans les cours et tribunaux.

Nous nous occuperons plus tard des prud'hommes.

6° *Les naturalisations, révocations et modifications des autorisations accordées à des étrangers d'établir leur domicile en France.*

Les conditions exigées de l'étranger qui veut obtenir la qualité de Français, sont réglées par la loi du 11 septembre 1849.

On distingue trois espèces de naturalisation : l'ordinaire, l'extraordinaire, la grande.

L'étranger qui veut obtenir la naturalisation ordinaire doit :

1° Être âgé de vingt-un ans accomplis ;

2° Obtenir du gouvernement l'autorisation de s'établir en France ;

3° Avoir dix ans de résidence à partir du jour où il a obtenu cette autorisation.

Ces conditions étant remplies, l'étranger peut demander la naturalisation au gouvernement, qui après une enquête sur la moralité du réclamant l'accorde ou la refuse, le conseil d'État entendu. Avant la loi de 1849, l'intervention du conseil d'État n'était pas exigée pour la naturalisation ordinaire.

La naturalisation extraordinaire, ainsi nommée parce qu'elle n'est pas soumise à toutes les formalités que nous venons de voir, peut être accordée après un an de résidence aux étrangers qui ont apporté des talents, des inventions ou des industries utiles, ou qui ont formé en France des établissements considérables. Le but de la loi est évident ; elle a voulu fixer dans notre pays les grands talents et les grandes fortunes. L'avis du conseil d'État, nécessaire même avant 1849 pour cette espèce de naturalisation, l'est encore aujourd'hui.

La loi de 1849 exigeait un avis *favorable*. Cette disposition se trouve implicitement abrogée par les changements survenus dans la constitution du conseil d'État. On sait, en effet, qu'il n'a pas de pouvoir propre comme celui qui l'a précédé, et qu'il n'intervient que pour donner des avis qui ne peuvent entraver en aucune manière les actes du gouvernement.

Les deux sortes de naturalisation que nous venons de voir, n'assimilent pas complétement l'étranger au Français proprement dit. En effet, elles ne lui confèrent pas l'éligibilité au Corps législatif, et par la même raison, la capacité de siéger au Sénat. Ces avantages ne peuvent être accordés que par une loi. (Loi du 3 septembre 1849, art. 1ᵉʳ.)

Le gouvernement peut, sans l'avis du conseil d'État, accorder aux étrangers l'autorisation d'établir leur domicile en France, mais il en a besoin pour la révoquer ou la modifier.

7°. *Autorisation de sociétés anonymes, tontines, comptoirs d'escompte et autres établissements de cette nature.*

L'art. 37 du Code de commerce est ainsi conçu : « La société anonyme ne peut exister qu'avec l'autorisation du roi et avec son approbation pour l'acte qui la constitue ; cette approbation doit être donnée *dans la forme prescrite pour les règlements d'administration publique.* » A côté du bien, il y a presque toujours place pour le mal. Si la société anonyme est favorable aux entreprises qui exigent des capitaux considérables, elle est accessible aux imprudents ou aux fripons ; le public trouve une garantie, autant qu'il est possible, dans l'intervention du conseil d'État, qui examine si le but et les moyens des postulants sont honnêtes et sérieux.

Les tontines sont des sociétés dans lesquelles les associés survivants profitent en totalité ou en partie de la mise faite par les prédécédés. (Décrets du 1ᵉʳ avril 1809 et 18 nov. 1810.)

Les comptoirs d'escompte sont établis par la Banque de France dans les départements, en vertu d'un décret rendu sur l'avis du conseil d'État. (Loi du 30 juin 1840.)

Les autres établissements de cette nature seraient, par exemple, des compagnies d'assurances.

8° *L'établissement de ponts avec ou sans péage.*

Le gouvernement peut autoriser purement et simplement ou moyennant une redevance. Cet avantage, stipulé par l'État, constitue une espèce d'impôt. C'est dès-lors une exception au principe que les impôts ne peuvent être établis que par le Corps législatif. Cette raison et les inconvénients qui peuvent résulter, pour la navigation, de l'établissement des ponts, motivent l'intervention du conseil d'État.

9° *Autorisation ou création d'établissements d'utilité publique fondés par les départements, les communes ou les particuliers.*

L'autorisation d'un établissement de cette espèce engendre une personne morale capable d'obliger les tiers et de s'obliger. Il y aurait inconvénient à ce que cette personne manquât de ressources pour remplir ses engagements et atteindre son but ; c'est pourquoi le gouvernement doit, avant de prononcer, soumettre la demande au conseil d'État.

On divise les établissements d'utilité publique :

1° En établissements religieux ;

2° En établissements d'instruction publique ;

3° En établissements de bienfaisance ou de répression.

Cette matière sera traitée dans la deuxième partie de cet ouvrage.

10° *Changements de noms.*

L'abus du changement de noms aurait infailliblement produit une confusion dont la fraude n'aurait pas manqué de tirer parti. D'ailleurs il fallait empêcher l'usurpation des noms qui constituent, pour les familles, une espèce de propriété.

D'un autre côté, la reconnaissance peut légitimer le désir de porter le nom d'un bienfaiteur. Certains noms attirent le ridicule sur ceux qui les portent ; d'autres rappellent de grands crimes. Le législateur a concilié ces intérêts divers en autorisant les changements de noms sous certaines conditions. Ainsi, d'après la loi du 11 germinal an XI qui règle cette matière, les changements ne peuvent être autorisés, par le gouvernement, que sur l'avis du conseil d'État délibérant en assemblée générale; la demande doit être adressée au ministre de la justice et insérée au *Moniteur* à la requête du réclamant; le décret qui autorise le changement doit être inséré au *Bulletin des lois*. Toute personne ayant un intérêt sérieux peut demander le retrait de l'autorisation dans l'année qui suit l'accomplissement de la dernière de ces formalités.

Le décret du 30 janvier 1852 a modifié la loi précitée en ce sens qu'il ne comprend pas cette affaire parmi celles qui doivent nécessairement être portées à l'assemblée générale du conseil d'État. Ce silence nous autorise à conclure que l'avis de la section de législation et de justice, qui est compétente en cette matière, suffit.

§ 2. — *Attributions gouvernementales et politiques.*

26. Nous traiterons sous cette rubrique : 1º de l'enregistrement des bulles et autres actes du saint-siége ; 2º des recours pour abus; 3º de l'autorisation des congrégations religieuses et de la vérification de leurs statuts; 4º des prises maritimes; 5º des affaires de haute police administrative à l'égard des fonctionnaires.

27. Avant d'expliquer les trois premiers numéros qui sont relatifs aux cultes, nous allons donner quelques notions historiques sur les rapports de l'État avec l'Église. Ces rapports peuvent être de trois espèces :

1º L'État peut être indifférent en matière de cultes, n'en protéger aucun et les tolérer tous, comme en Belgique et aux États-Unis;

2° Le pouvoir spirituel et le pouvoir temporel peuvent être confondus comme en Turquie et en Chine;

3° Le pouvoir spirituel peut, avec une indépendance définie, être protégé et surveillé par le pouvoir temporel comme en France.

Dans le principe, l'Église, faible dans les Gaules, se mit sous la protection des rois [1].

Charlemagne agrandit considérablement les possessions et la puissance du pape. L'État s'était mêlé des affaires de l'Église, le pape de celles de l'État. On en était venu aux empiétements. Le protégé était devenu l'allié, puis l'adversaire du protecteur; la lutte était imminente. Le xiie siècle les trouve aux prises [2].

Une chose digne d'être remarquée, c'est qu'un roi de France, qui a été mis au nombre des saints, Louis IX, a opposé, un des premiers, la plus vive résistance aux envahissements du pouvoir spirituel [3].

La *Pragmatique sanction*, qu'il publia, en six articles, l'an 1268, est un des plus remarquables monuments de l'histoire de l'Église. Elle confirme le droit d'élection pour les dignités ecclésiastiques dans les cathédrales et autres églises du royaume et supprime les tributs d'argent que Rome prélevait en France.

Le second acte important, ayant pour but la restriction du pouvoir des papes, est la *Pragmatique sanction* de Bourges, ainsi nommée à cause du lieu où elle fut faite, sous le règne de Charles VII. Cet acte se compose de vingt-trois titres. Les plus remarquables portent que le pape sera tenu d'obéir aux décrets des conciles, qu'il sera pourvu aux dignités des églises

1. Lettre du pape Anastase à Clovis après sa conversion Dominum collaudamus qui in tanto principe providet Ecclesiæ qu possit eam tueri. » Lecomte, *Ann. ecclésiastiques.* — Laferrière, *Histoir du Droit civil de Rome et du Droit français,* t. III.

2. Dalloz; Répertoire, *Cultes.*

3. Laferrière, *Cours de Droit administratif.*

cathédrales, collégiales et monastiques par voie d'élection (la Pragmatique de Louis IX, qui contenait cette disposition, commençait à tomber en désuétude); que l'appel passerait par les juridictions intermédiaires avant d'être porté devant le pape.

Eugène, qui occupait alors le siége de saint Pierre, fit de grands mais vains efforts pour obtenir l'abolition de la Pragmatique de Bourges.

François Ier, pendant son expédition d'Italie, fit avec le pape, en 1516, un concordat qui n'était autre chose que l'abolition indirecte, sinon de la Pragmatique, du moins de ses principales dispositions. L'abrogation n'est pas formelle, de sorte que les points sur lesquels il n'a pas été statué par le concordat subsistent. Telle est du moins l'opinion des partisans de l'église gallicane.

Le droit d'élection pour les dignités, le plus important de tous, fut supprimé. La nomination appartint désormais au roi et l'institution au pape.

Les *annates* ou droit au profit du pape de prélever, pendant l'année de la vacance, les revenus des grands bénéfices, abolies par la Pragmatique, furent rétablies.

Les parlements opposèrent une vive résistance, et le concordat ne fut enregistré qu'avec la mention qu'il avait été lu et publié *de très-exprès commandement du roi réitéré plusieurs fois.*

Dans cette longue lutte entre les rois de France et les papes, la plus grande partie du clergé français se prononça contre le pape. La cause du roi était la sienne : il s'agissait de l'indépendance de l'église gallicane.

28. Des difficultés survenues entre Louis XIV et le pape, motivèrent la réunion du clergé de France. C'est à cette occasion que Bossuet formula et que fut décrétée la célèbre *déclaration*, en quatre articles, sur les libertés de l'église gallicane, en 1682.

Le premier article est relatif à la séparation des pouvoirs spirituel et temporel.

Le deuxième rappelle les décrets du concile de Constance sur l'autorité des conciles généraux et en confirme les dispositions.

Le troisième n'est que le développement du second.

Le quatrième porte que le pape n'est pas infaillible.

Cet acte eut force de loi et n'a pas cessé encore aujourd'hui d'être en vigueur. Un édit du 23 mars 1682 en ordonna l'enregistrement et en prescrivit l'enseignement dans les facultés de droit et de théologie.

Le pape fit de grands efforts pour arracher à la faiblesse de Louis XIV, à la fin de son règne, la rétractation des quatre articles. Il en obtint même la promesse, mais cette promesse n'eut pas de suites.

Pendant que l'Église revendiquait, à bon droit, des libertés pour son usage, des persécutions étaient exercées, en son nom, contre les hérétiques.

L'édit de Nantes (1590) apporta quelques années de trêve, sans établir une égalité complète entre les catholiques et les protestants.

Cet édit fut malheureusement révoqué; les persécutions religieuses recommencèrent, et avec elles les troubles qu'elles apportaient dans l'État.

L'édit de 1787 mit un terme à ces calamités. Sans doute on était encore loin du principe de liberté de conscience, mais à défaut de protection, la religion réformée trouva la tolérance.

29. Il serait curieux de passer en revue tous les actes législatifs de la révolution sur les cultes, mais le cadre que nous nous sommes tracé ne le permet pas. Nous examinerons succinctement les principaux. Un des plus importants, au point de vue historique, est sans contredit celui du 12 juillet 1790. C'est la constitution civile du clergé à cette époque. Aux

termes de ce décret, les divisions des diocèses étaient les mêmes que nos grandes divisions administratives (départements); leur nombre se trouvait de la sorte réduit de cent trente-cinq à quatre-vingt-trois. Les évêques et les curés étaient nommés par voie d'élection et par le peuple. L'institution canonique par le pape était supprimée; l'évêque devait seulement lui écrire comme au chef visible de l'Église universelle, en témoignage de l'unité de foi et de la communion qu'il devait entretenir avec lui. Mais dans le mois qui suivait l'élection, l'élu à un évêché devait se présenter en personne à son évêque métropolitain, et s'il s'agissait d'un métropolitain, au plus ancien évêque de l'arrondissement de la métropole, pour obtenir la confirmation canonique. Les curés la recevaient de leur évêque. Avant la cérémonie de la consécration, l'élu, en présence des officiers municipaux, du peuple et du clergé, prêtait le serment solennel de veiller avec soin sur les fidèles du diocèse qui lui était confié, d'être fidèle à la nation, à la loi et au roi, et de maintenir de tout son pouvoir la constitution décrétée par l'assemblée nationale et acceptée par le roi.

Le pape condamna cette constitution, et un grand nombre d'ecclésiastiques refusèrent le serment. De là les prêtres *assermentés* et les prêtres *insermentés*.

Un décret du 14 juillet 1793 décida que les évêques qui apporteraient soit directement, soit indirectement, quelque obstacle au mariage des prêtres, seraient déportés et remplacés.

Le 5 octobre 1793 le christianisme fut aboli pour faire place au culte de la Raison.

Les décrets du 3 frimaire an III, 11 prairial an III, la constitution de l'an III rétablirent la liberté des cultes, sauf exception pour ce qui concerne les prêtres non assermentés.

Un autre décret du 7 vendémaire an IV proclama la liberté absolue en matière de cultes, à la condition, de la part de ceux qui voulaient en être les ministres, de déclarer à la municipalité qu'ils reconnaissaient la souveraineté du peuple et de promettre obéissance aux lois de la République. Ils ne recevaient de l'État aucun salaire.

Ce système est celui de l'indifférence de la part de l'État qui n'intervient que pour la police des cultes.

30. Les choses allèrent ainsi jusqu'au concordat conclu entre le premier consul et le pape, le 26 messidor an ix (15 juillet 1801), et publié le 18 germinal an x.

Cet acte remit en vigueur le régime de protection qui existe encore aujourd'hui. Il se divise en deux parties : la convention entre le pape et le premier consul, ou concordat proprement dit, et les articles organiques qui furent présentés au pape comme loi de police seulement.

Dans le préambule du concordat, le gouvernement de la République française reconnaît que la religion catholique, apostolique et romaine, est la religion *de la grande majorité des citoyens français*, et en particulier celle des Consuls.

Cette déclaration n'a pas d'autre importance que l'effet moral qui peut en résulter.

L'art. 1er porte que la religion catholique, apostolique et romaine sera librement exercée en France, et que son culte sera public.

L'art. 2 décide qu'il sera fait par le saint-siége, de concert avec le gouvernement, une nouvelle circonscription des diocèses français.

Aux termes de l'art. 3, Sa Sainteté déclarera aux titulaires des évêchés français qu'elle attend d'eux avec une ferme confiance, pour le bien de la paix et de l'unité, toute espèce de sacrifices, même celui de leurs siéges. D'après cette exhortation, s'ils se refusaient à ce sacrifice, commandé par le bien de l'Église (refus néanmoins auquel Sa Sainteté ne s'attend pas), il sera pourvu, par de nouveaux titulaires, au gouvernement des évêchés de la circonscription nouvelle.

D'après l'art. 5, la nomination aux évêchés est faite par le gouvernement, l'institution canonique est donnée par le pape.

Les évêques feront une nouvelle circonscription des paroisses de leurs diocèses qui n'aura d'effet que par le consentement du gouvernement. Les évêques nommeront aux cures. Leur choix ne pourra tomber que sur des personnes agréées par le gouvernement.

Un traitement convenable sera donné par l'État aux évêques et curés. Pour être nommé évêque il faut être âgé de trente ans au moins et d'origine française (art. 16).

Ceux qui seront choisis pour l'enseignement dans les séminaires, souscriront la déclaration faite par le clergé de France, en 1682 (art. 24).

Les curés ne pourront entrer en fonctions qu'après avoir prêté, entre les mains du préfet, le serment de fidélité prescrit par le concordat. Ils sont soumis aux évêques dans l'exercice de leurs fonctions.

Les vicaires et desservants exercent leur ministère sous la surveillance des curés. Ils sont approuvés par l'évêque et révocables par lui (art. 27).

Les titres II et III des articles organiques sont consacrés aux églises réformées.

Sous l'empire on vit éclater la discorde entre Napoléon et le pape. Les États de l'Église avaient été supprimés. Le pape avait refusé l'institution canonique aux évêques nouvellement nommés. Alors un concile national décida qu'elle pourrait être donnée par l'évêque métropolitain dans le cas où le pape laisserait s'écouler une année sans la donner lui-même. Le 25 janvier 1813 fut conclu à Fontainebleau un nouveau concordat entre Napoléon et le pape; mais au bout de deux jours le pape déclara que son consentement n'avait pas été librement donné; néanmoins Napoléon le fit publier le 25 mars 1813. Mais il n'a jamais reçu d'application.

Restauration. — 31. La charte de 1814 proclama la liberté des cultes, mais elle reconnut en même temps la religion catholique comme religion de l'État.

Cette période se signale par des concessions en faveur de Rome.

La loi du 18 novembre 1814 ordonna l'observation des dimanches et fêtes.

En 1817, on voulut abroger le concordat de 1801 et le remplacer par un autre qui n'était qu'un retour au concordat de François Ier, et dont une disposition principale aurait augmenté le nombre des diocèses. Ce projet, qui rencontra une assez vive opposition dans les chambres, n'eut pas de suite.

Néanmoins, une loi du 24 juillet 1821 créa trente nouveaux siéges épiscopaux.

Nous mentionnerons encore, comme monument historique de cette époque en matière religieuse, les ordonnance de 1828 sur les jésuites.

Révolution de 1830. — 32. Cette période se distingue par un retour aux dispositions du concordat. La charte ne reconnaît pas de religion d'État; elle se contente de déclarer que la religion catholique *est celle de la majorité des Français.* Elle accorde à toutes les religions reconnues une égale protection.

Nous signalerons la loi du 8 février 1831, en vertu de laquelle les ministres du culte israélite reçoivent un traitement de l'État, et l'ordonnance du 25 mai 1844 relative au même culte.

République de 1848. — 33. L'art. 7 de la constitution de cette époque est ainsi conçu : Chacun professe librement sa religion et reçoit de l'État pour l'exercice de son culte une égale protection. Les ministres, soit des cultes actuellement reconnus, soit de ceux qui seraient reconnus à l'avenir, ont le droit de recevoir un traitement de l'État.

La constitution de 1852 proclame à son tour la liberté des

cultes. Elle ne reconnaît pas de religion d'État, et ne dit pas même, comme celle de 1830, que la religion catholique est celle de la majorité des Français.

Après notre rapide excursion, nous nous retrouvons tout naturellement à notre point de départ, qui est l'examen du rôle du conseil d'État dans les matières énoncées aux numéros 1, 2 et 3 de l'art. 13 du décret du 30 janvier 1852.

1° *Enregistrement des bulles et autres actes du saint-siége.*

34. Les mots : *autres actes* se réfèrent à l'art. 1er organique du concordat de 1801, ainsi conçu : « Aucune bulle, bref, rescrit, décret, mandat, provision, signature servant de provision, ni autres expéditions de la cour de Rome, ne pourront être reçus, publiés, imprimés, ni autrement mis à exécution, sans l'autorisation du gouvernement. »

Les *bulles* (*bullare*, sceller) sont des expéditions de lettres en chancellerie, scellées en plomb. C'est par des actes de cette espèce que sont accordées des dispenses ou que sont publiées des constitutions apostoliques. Nous citerons la bulle *Unigenitus* et la bulle *In cœna Domini*. Cette dernière n'était pas reçue en France parce qu'elle portait atteinte aux libertés de l'église gallicane.

Le *bref (brevis)* : c'est encore une expédition de la cour de Rome, mais pour les affaires sans importance ; cet acte n'est signé que par le secrétaire du pape. Il est écrit sur parchemin comme les bulles.

Les *rescrits* sont des réponses du pape sur papier.

Les *décrets* : c'est une décision du pape, prise de son propre mouvement, et ordonnant ou prescrivant quelque chose.

C'est aussi le nom qu'on donne aux décisions des conciles.

Les *mandats* ont été abrogés par le concile de Trente. On nommait ainsi des ordres du pape pour conférer les bénéfices.

Les *provisions* sont des lettres adressées par le saint-siége à un ecclésiastique nouvellement promu à quelque office.

La *signature* est un acte contenant concession, écrit sur papier, non scellé et signé par le pape ou par celui qu'il désigne.

L'examen de ces actes, par le conseil d'État, a pour but d'empêcher l'introduction de règlements contraires à notre ordre politique et aux libertés de l'église gallicane. Lorsque le bref, la bulle ou le décret sont reçus, le décret impérial qui vient à la suite de l'avis du conseil d'État, porte : « La bulle (ou le bref ou tout autre acte) donnée à..... le jour de..... portant..... (objet de l'acte) est reçue et sera publiée. »

Lorsque le conseil d'État, par des considérations politiques, ne conseille pas d'approuver la bulle ou tout autre acte, sans le rejeter cependant, le décret renferme cette clause : « Ladite bulle (ou tout autre acte) est reçue sans approbation des clauses, formules et expressions qu'elle renferme, et qui sont ou pourraient être contraires à la constitution, aux lois de l'État, aux franchises, libertés et maximes de l'église gallicane, et sans que lesdites clauses, formules ou expressions puissent nuire ou préjudicier aux droits de notre couronne. » C'est une manière ingénieuse d'éviter les difficultés tout en protestant.

Le décret impérial se termine ainsi : « Ladite bulle (ou tout autre acte) sera transcrite en latin et en français sur les registres de notre conseil d'État; mention de cette transcription sera faite sur l'original par le secrétaire général du conseil d'État. »

L'examen de ces actes, qui est aujourd'hui confié au conseil d'État, appartenait autrefois aux parlements. Il fut question, en 1817, de le donner aux cours royales, mais ce projet ne fut pas réalisé.

2° *Appel comme d'abus.*

35. La deuxième attribution du conseil d'État en matière religieuse est *l'appel comme d'abus* ou plutôt *le recours pour abus,* parce qu'il n'y a pas appel dans le sens technique du mot.

On peut le définir un recours au pouvoir temporel contre l'abus commis par un ministre du culte, dans l'exercice de ses fonctions, ou par un laïque.

« Les appels comme d'abus, dit Henrion de Pansey, aussi anciens que les entreprises du clergé, datent des premiers temps de la monarchie, et la loi d'alors, comme celle que nous examinons, en attribuait la connaissance au roi. Cet ordre de choses a existé jusqu'au XIV° siècle. A cette époque, le parlement constitué en cour de justice et rendu sédentaire à Paris, se plaça entre les deux puissances, et le soin de faire respecter la limite qui les sépare fut désormais son partage[1]. »

L'institution du recours pour abus est la conséquence du système de protection adopté chez nous en matière de culte. Dans le système d'indépendance de l'Église, on ne peut le concevoir, puisque l'absence de relations rend les abus impossibles. On ne le conçoit, et à plus forte raison, que dans le système où le spirituel et le temporel sont confondus.

Il y a deux espèces d'abus : les uns peuvent être commis par les laïques, les autres par les ministres des cultes.

36. Les cas d'abus de la part des ministres des cultes catholiques sont :

1° L'usurpation ou l'excès de pouvoir;

2° La contravention aux lois et règlements de l'État;

---

1. Henrion de Pansey, *Autorité judiciaire.*

3° L'infraction des règles consacrées par les canons reçus en France;

4° Attentat aux franchises, coutumes et libertés de l'église gallicane;

5° Toute entreprise ou tout procédé qui, dans l'exercice du culte, peut compromettre l'honneur des citoyens, troubler arbitrairement leur conscience, dégénérer contre eux en oppression, en injure ou en scandale public.

Ces cas d'abus, sauf le troisième et le quatrième, s'appliquent aussi aux autres cultes reconnus.

L'art. 6 de la loi organique du culte protestant contient même quelque chose de plus : « Le conseil d'État connaîtra de toutes les entreprises des ministres du culte et *de toutes les discussions qui pourront s'élever entre ces ministres.*

L'ordonnance du 25 mai 1844, organique du culte israélite, est conçue dans des termes à peu près identiques.

Le premier des cas d'abus : *l'usurpation ou l'excès de pouvoir*, est le principal. Il renferme tacitemeut les autres. Il y a usurpation lorsqu'on empiète sur les droits d'autrui; excès de pouvoir lorsqu'on fait un mauvais usage du pouvoir qu'on a soi-même.

Le second cas d'abus se rapporte aux devoirs dont sont tenus les membres des cultes envers l'État, comme condition même de la protection qu'ils reçoivent.

Le troisième cas, l'infraction des règles consacrées par les canons reçus en France, n'est pas sans difficultés. Le conseil d'État semble chargé du soin d'interpréter le droit canonique. Mais on ne peut raisonnablement considérer les conseillers d'État comme des casuistes, des pères de l'Église, et le conseil comme un concile; il faut décider que cette disposition est dépourvue de sens pratique, ou bien qu'il s'agit du cas où les canons ont été violés ouvertement par une manifestation scandaleuse.

Le quatrième cas d'abus, l'attentat aux libertés de l'église gallicane, est beaucoup plus clair. Les libertés sont définies; on connaît les franchises de l'église gallicane et les droits du pape; l'attentat sera manifeste, et l'application de la loi ne soulèvera pas de bien grandes difficultés pratiques.

Les tribunaux ecclésiastiques, connus sous le nom d'officialités, ont été supprimés par la loi du 14 septembre 1790; mais les évêques n'ont pas moins aujourd'hui une espèce de juridiction disciplinaire. L'évêque diocésain prononce en premier ressort, et l'évêque métropolitain en appel. Enfin, un dernier recours au pape est, en général, ouvert à ceux qui jugent convenable de l'invoquer. Mais ce concours ne peut être porté devant le pape, directement, *omisso medio*. Celui qui agirait autrement, violerait les franchises de l'église gallicane et se rendrait par conséquent coupable d'abus.

Les franchises de l'église gallicane veulent que le pape donne un juge *in partibus*. Les justiciables ne peuvent pas être forcés d'aller le chercher *ultra montes*.

Une autre règle veut qu'il n'y ait pas appel au pape toutes les fois qu'il existe déjà trois sentences conformes sur la question soulevée.

Les curés sont inamovibles. L'évêque ne peut donc pas les destituer sans commettre un abus; mais il peut, sans abus, les interdire *a sacris* ou les suspendre.

Ce ne sont là que des mesures disciplinaires.

Les desservants et les vicaires ne jouissent pas de l'inamovibilité. L'évêque chargé de les nommer peut les révoquer à volonté, *ad nutum*. Par conséquent, une mesure de cette espèce ne peut motiver un appel comme d'abus.

Les peines canoniques sont la pénitence, la suspense, l'interdiction *a sacris*, l'excommunication; il y aurait abus si l'évêque appliquait d'autres peines, l'amende par exemple.

Nous avons rapporté le cinquième cas d'abus relatif aux procédés, aux entreprises qui, dans l'exercice du culte, peuvent compromettre l'honneur des citoyens, troubler leur conscience et dégénérer en oppression, injure ou scandale. Les espèces qui rentrent dans ce cas sont nombreuses. Nous nous contenterons d'en examiner quelques-unes.

Le refus du baptème à un enfant constitue-t-il un cas d'abus? Oui. L'enfant est, par son âge, à l'abri de tous reproches sérieux. Quant à ceux qui ne s'adresseraient qu'aux personnes chargées de présenter l'enfant, ou à la famille, on ne saurait les considérer comme justes causes de refus; devant la loi civile, et à plus forte raison devant la loi religieuse, les fautes sont personnelles.

Le refus de communion ne constitue pas un cas d'abus. Le confesseur, sur la question de savoir si son pénitent mérite ou non l'absolution, ne relève que de sa conscience. Il faut avouer que le conseil d'État serait, dans cette circonstance, fort embarrassé pour prononcer en connaissance de cause. Si le refus était accompagné de faits qui eussent le caractère d'une injure, d'un scandale, il y aurait abus, mais plutôt pour ces derniers motifs que pour le refus proprement dit.

Le refus de sépulture peut constituer ou non un abus, suivant les circonstances. Un prêtre en refusant la sépulture religieuse à un individu qui a vécu et qui est mort hors de l'Église, comme on dit, agit selon ses droits, s'il n'agit pas selon les vrais principes du christianisme.

S'il refuse sans motifs sérieux, ou, ce qui est plus fâcheux, par des motifs qui ne peuvent être invoqués qu'au mépris des lois du pays, l'abus est constant. On peut citer à l'appui de cette proposition, l'ordonnance du 30 janvier 1838 qui a déclaré l'abus contre l'évêque de Clermont-Ferrand pour avoir refusé la sépulture religieuse à M. de Montlosier, bien qu'il eût été assisté d'un prêtre pendant sa dernière maladie et qu'il eût déclaré d'une manière formelle, dans son testament, qu'il avait toujours vécu et qu'il mourait dans le sein de l'Église catholique. L'évêque reprochait à M. de Montlosier son refus de rétracter les opinions qu'il avait émises contre les jésuites. L'évêque avait manqué, dans cette circonstance, à ses devoirs de prêtre et de citoyen, en se révoltant contre les lois de l'Église et contre l'ordonnance de 1828, qui avait prononcé l'expulsion des jésuites.

37. « Le recours compète à toute personne intéressée. A défaut de plainte particulière, il sera exercé d'office par les préfets.

Le fonctionnaire public, l'ecclésiastique ou la personne qui veut exercer ce recours, adresse un mémoire détaillé et *signé* au ministre chargé de toutes les affaires qui concernent les cultes, lequel est tenu de prendre, dans le plus court délai, tous les renseignements convenables, et, sur son rapport, l'affaire est suivie et définitivement terminée, *dans la forme administrative*, ou renvoyée, *selon l'exigence des cas*, aux autorités compétentes. » (Art. 6 du Concordat.)

Signée. Il est évident que la signature du plaignant n'est pas exigée, et que celle de son mandataire suffit. S'il en était autrement, le recours ne serait pas ouvert à ceux qui ne peuvent ou ne savent signer, ce qu'il serait absurde de supposer.

Les mots *dans la forme administrative* signifient que l'appel comme d'abus n'est pas instruit comme les affaires contentieuses. Par conséquent pas de publicité.

La dernière partie de l'article qui nous occupe a donné lieu à une assez grande controverse. Dans le cas où le fait constitue un abus et un délit à la fois, on a dit que les poursuites, relativement au délit, ne pouvaient avoir lieu qu'après le renvoi aux autorités compétentes par le conseil d'État. C'est dans ce sens que cette disposition a été interprétée par la cour de Cassation. Dans l'opinion contraire, on soutient que le renvoi aux autorités compétentes ne concerne pas le cas où ces autorités ont déjà été saisies de la poursuite du délit.

La cour de Cassation, qui ne considère pas les ministres

des cultes comme des agents du gouvernement et qui, par conséquent, ne leur applique pas la garantie de l'article 75 de la constitution de l'an VIII, donne indirectement le moyen de les soustraire aux poursuites qui pourraient être dirigées contre eux sans l'autorisation du gouvernement.

38. L'appel comme d'abus peut avoir, suivant M. de Cormenin, un des résultats suivants :

1º Le conseil d'État déclare qu'il y a abus simplement;

2º Il déclare l'abus avec suppression de l'écrit abusif;

3º Il déclare l'abus avec injonction au prêtre de s'abstenir;

4º Il déclare l'abus et autorise les poursuites à fins criminelles;

5º Il déclare l'abus et autorise les poursuites à fins civiles;

6º Il déclare l'abus en admettant l'excuse, et n'autorise pas la poursuite;

7º Il déclare qu'il n'y a pas d'abus;

8º Il déclare à la fois qu'il n'y a lieu ni à renvoi devant les tribunaux, ni à prononciation de l'abus;

9º Il écarte le recours, sauf à se pourvoir devant l'autorité supérieure dans la hiérarchie ecclésiastique;

10º Il déclare l'appel incompétent et non recevable;

11º Il déclare l'abus sur un point et pour une personne, et sur un autre point et une autre personne, ou qu'il n'y a pas lieu ou qu'il y a lieu à renvoi devant les tribunaux ou devant le supérieur hiérarchique.

39. Demandons-nous maintenant quels sont les effets de la déclaration d'abus par le gouvernement? Aucun, au point de vue pénal proprement dit. L'effet est purement moral. C'est une censure, un blâme solennels.

3° *Autorisation des congrégations religieuses et vérification de leurs statuts.*

40. Toutes les congrégations religieuses ont été supprimées par les décrets du 19 février 1790 et 18 août 1792.

Les ordres des chartreux, des dominicains, des oratoriens, etc., n'ont pas d'existence légale. Ils sont tolérés comme réunions d'individus seulement, et ne constituent pas des personnes civiles.

Mais les congrégations de femmes ont été rétablies successivement par décrets du 3 messidor an XII et 18 février 1809.

Une loi de 1817 décida qu'à l'avenir les congrégations de femmes ne pourraient être autorisées que par une loi.

41. La loi fondamentale en cette matière est celle du 24 mai 1825, modifiée par le décret du 31 janvier 1852.

On distingue deux espèces de congrégations : les congrégations à supérieure générale, et les congrégations à supérieure locale.

Les premières, dites *maisons mères*, sont sous la direction d'une supérieure qui étend son autorité sur les établissements qui en dépendent; les autres, bien qu'elles aient adopté la règle d'une communauté à supérieure générale, forment une communauté indépendante.

Aux termes de la loi de 1825, aucune congrégation religieuse de femmes ne peut être autorisée, et une fois autorisée ne peut former d'établissements que dans les formes et conditions prescrites.

Suivant l'art. 2 de la loi, ces congrégations ne peuvent être autorisées qu'après que leurs statuts, dûment approuvés par l'évêque diocésain, ont été vérifiés et enregistrés au conseil d'État, et que, ces formalités remplies, l'autorisation a été accordée par une loi à celles de ces congrégations qui n'exis

taient pas au premier janvier 1825, et par une ordonnance
royale pour les autres. Aujourd'hui l'ordonnance royale est
remplacée par le décret impérial. Le fait de l'existence anté-
rieure à 1825 est constaté par un certificat de l'évêque diocésain (décret du 31 janvier 1852).

La jurisprudence avait décidé que les établissements qui
ne se rattachaient à une congrégation que par l'identité de
statuts, sans être sous l'autorité d'une supérieure commune,
devaient être autorisés par une loi. Maintenant un décret suffit
(31 janvier 1852).

Les modifications des statuts, après nouvelle vérification et
enregistrement, sont approuvées par décret impérial (31 janvier 1852).

La formation d'un établissement se rattachant à une congrégation autorisée, doit être précédée d'une enquête de
commodo et *incommodo*. L'avis du conseil municipal du lieu
où l'établissement est formé et le consentement de l'évêque
diocésain sont nécessaires (loi de 1825, art. 3).

42. Nulle personne faisant partie d'un établissement autorisé
ne peut disposer par acte entre vifs ou par testament, soit en
faveur de l'établissement, soit au profit de l'un de ses membres, au delà du quart de ses biens, à moins que le don ou
legs n'excède pas dix mille francs.

Cette prohibition ne s'applique pas au cas où la légataire
ou donataire est héritière en ligne directe de la testatrice ou
donatrice.

L'autorisation des congrégations religieuses de femmes ne
peut être révoquée qu'au moyen d'une loi. Celle des établissements qui en dépendent peut l'être par un décret, avec
l'avis du conseil municipal et de l'évêque diocésain.

En cas d'extinction d'une congrégation ou maison religieuse ou révocation d'autorisation, les biens acquis par
donation ou testament font retour aux donateurs ou à leurs
parents au degré successible, ainsi qu'à ceux des testateurs.

Quant aux biens qui ne font pas retour, par défaut de donateurs et de parents au degré successible, ou qui ont été acquis à titre onéreux, ils sont attribués, moitié aux établissements ecclésiastiques, moitié aux hospices des départements dans lesquels sont situés les établissements éteints.

En cas de révocation, les membres de la congrégation ont droit à une pension alimentaire, qui grève 1° les biens acquis à titre onéreux ; 2°, et subsidiairement, les biens acquis à titre gratuit.

4° *Prises maritimes.*

43. Une prise maritime est l'arrestation, en mer, par une puissance belligérante d'un navire de guerre ou de commerce.

Cet usage est fondé sur ce principe du droit des gens que ce qui est la propriété de l'ennemi devient la propriété du capteur.

Les prises sont faites aujourd'hui par les navires de l'État; dans les guerres qui ont précédé celle qui vient de finir, elles pouvaient être faites par des navires de commerce armés *en course* et qu'on nommait *corsaires.* Le gouvernement délivrait à cet effet des permissions dites *lettres de marque.*

Les corsaires ne doivent pas être confondus avec les pirates.

Les corsaires, armés plutôt pour le butin que pour la gloire, devenaient souvent des guerriers redoutables.

Les pirates sont des brigands.

Dans la dernière guerre contre la Russie, la France et l'Angleterre n'ont pas délivré de *lettres de marque.* Les prises maritimes ont été confiées exclusivement aux marines militaires. Cette dérogation aux anciennes habitudes a été consacrée par la déclaration du 16 avril 1856, annexée au traité de paix du 30 mars, qui porte :

« 1° Que la course est et demeure abolie.

« 2° Que le pavillon neutre couvre la marchandise ennemie, à l'exception de la contrebande de guerre.

« 3° Que la marchandise neutre, à l'exception de la contrebande de guerre, n'est pas saisissable sous pavillon ennemi.

« 4° Que les blocus, pour être obligatoires, doivent être effectifs », c'est-à-dire maintenus par une force suffisante. La déclaration du 16 avril, qui n'est que la consécration de celle du 29 mars 1854 faite par la France et l'Angleterre, est obligatoire dès à présent pour les États signataires du traité de paix, et les autres seront invités à en adopter les dispositions. La guerre à la propriété privée subit d'heureuses restrictions. On peut dire que la guerre s'humanise en attendant que les progrès de la civilisation rendent les luttes sanglantes impossibles.

44. Avant 1789, d'après l'ordonnance de 1681, les prises maritimes étaient jugées par une commission composée de conseillers d'État, de maîtres des requêtes, et présidée par l'amiral de France. L'instruction préalable était confiée aux juridictions connues dans l'histoire sous le nom d'amirautés.

Une loi du 14 février 1793, confia la connaissance de ces affaires aux tribunaux de commerce qui avaient succédé aux amirautés ; à défaut de tribunaux de commerce, au tribunal de district ; l'appel était porté devant le tribunal de district le plus voisin.

Une autre loi du 18 brumaire an II porte que « toutes les contestations nées et à naître sur la validité ou l'invalidité des prises faites par les corsaires, seront décidées par voie d'administration, par le conseil exécutif provisoire. »

La loi du 3 brumaire an IV les rendit aux tribunaux de commerce, sans appel.

La loi du 8 floréal an IV déféra l'appel aux tribunaux de département.

Le 6 germinal an VIII, un conseil des prises fut établi à Paris et la connaissance des prises cessa d'appartenir aux tribunaux judiciaires.

45. L'arrêté du 6 germinal an VIII instituait en outre trois es-

pèces de commissions, suivant que les prises étaient conduites :

1° Dans les ports de France ;

2° Dans les ports des colonies françaises ;

3° Dans les ports étrangers.

Premier cas. — Lorsque les prises étaient conduites dans un port de France, l'officier d'administration de la marine du port dans lequel les prises étaient amenées devait procéder de suite, et au plus tard dans les vingt-quatre heures de la remise des pièces, à l'instruction de la procédure pour parvenir au jugemement des prises.

Le jugement était rendu par des *commissions des ports* composées :

1° De l'officier d'administration de la marine :

2° Du contrôleur de la marine ;

3° Du commissaire de l'inscription maritime.

Les décisions rendues par les commissions étaient de véritables jugements lorsqu'elles condamnaient la prise ; elles devaient être exécutées par la vente, s'il ne s'élevait aucune réclamation dans les dix jours.

Au contraire, si la prise n'était pas validée, le conseil des prises, et plus tard le conseil d'État, devait prononcer après le renvoi des pièces par les officiers d'administration. Les décisions de la commission n'étaient dans ce cas, en réalité, que des actes d'instruction.

Deuxième cas. — Lorsque les prises étaient conduites dans un port des colonies, elles étaient jugées par des commissions coloniales composées :

1° Du préfet colonial ;

2° Du commissaire de justice ;

3° De l'officier d'administration ;

4° De l'inspecteur de la marine ;

5° Du commissaire à l'inscription maritime.

Les décisions de ces commissions avaient à peu près les

mêmes caractères que celles des commissions des ports. Mais un règlement du 2 prairial an xi en avait fait de véritables jugements, susceptibles d'appel et d'exécution provisoire.

Troisième cas. — Les prises conduites dans les ports étrangers étaient jugées par des *commissions consulaires* composées :

1° Du consul, vice-consul ou agent consulaire ;

2° De deux assesseurs, choisis autant que possible parmi les résidents français.

Leurs décisions étaient assimilées à celles des commissions des ports français.

Une ordonnance du 23 août 1815 décida que le comité du contentieux au conseil d'État exercerait les attributions précédemment assignées au conseil des prises.

Sous la Restauration, la jurisprudence était fixée en ce sens que les décisions des trois espèces de commissions devaient toujours être déférées au conseil d'État. On peut dire qu'elles avaient cessé d'être des jugements pour devenir dans tous les cas des actes d'instruction seulement.

46. Un nouveau conseil des prises fut créé par le décret du 14 juillet 1854 pour statuer sur la validité de toutes les prises faites dans le cours de la guerre contre la Russie, et dont le jugement devait appartenir à l'autorité française.

Il était composé :

1° D'un conseiller d'État, président ;

2° De six membres, dont deux pris parmi les maîtres des requêtes du conseil d'État ;

3° D'un commissaire du gouvernement qui donnait ses conclusions sur chaque affaire.

Un secrétaire général était attaché au conseil.

Les séances n'étaient pas publiques.

Les décisions ne pouvaient être rendues que par cinq membres au moins, et n'étaient exécutoires que huit jours après la communication officielle qui en était faite aux ministres des affaires étrangères et de la marine et colonies.

Elles pouvaient être déférées au conseil d'État, soit par le commissaire du gouvernement dans les trois mois de la décision, soit par les parties intéressées, dans les trois mois à partir de la notification.

Ce recours n'avait pas d'effet suspensif, si ce n'est pour la répartition définitive du produit des prises.

Toutefois, le conseil des prises pouvait ordonner que l'exécution de la décision n'aurait lieu qu'à charge de fournir caution. Mais, dans tous les cas, il pouvait être ordonné, en conseil d'État, qu'il serait sursis à l'exécution de la décision contre laquelle le pourvoi était dirigé.

Le décret de 1854 laissait subsister les dispositions antérieures qui n'étaient pas contraires à la nouvelle législation. Il prononçait d'une manière expresse l'abrogation des art. 9, 10, et 11 de l'arrêté du 6 germinal an VIII relatifs aux trois espèces de commissions.

Le conseil des prises qui n'avait été créé que pour le jugement des prises faites dans le cours de la dernière guerre, a cessé d'exister le 1er juin 1856, en vertu d'un décret du 3 mai précédent.

47. Le conseil d'État délibère en assemblée générale sur les prises maritimes quoiqu'elles présentent tous les caractères des affaires contentieuses. Des raisons politiques ont voulu qu'elles ne fussent pas soumises à la publicité qui règne depuis 1831 dans les affaires contentieuses.

48. Voyons maintenant quels sont les navires qui peuvent être déclarés de bonne prise :

1° Les négriers;

2° Les pirates;

3° Les navires de l'ennemi.

Ceux des neutres :

1° Lorsqu'ils violent un blocus;

2° Lorsqu'ils refusent de déclarer leur nationalité ;

3° Lorsqu'ils font la contrebande de guerre ;

4° Les navires français eux-mêmes, lorsqu'ils ne tiennent pas compte, comme les neutres, de certaines défenses imposées par l'état de guerre.

Un navire français, pris par l'ennemi et repris sur lui par un autre navire français, est-il de bonne prise ? L'arrêté de l'an II distinguait si la reprise avait été faite par la marine de l'État ou par un corsaire. Dans le premier cas, la restitution en était faite à qui de droit. Dans le second cas, on distinguait encore : si la reprise était faite dans les vingt-quatre heures, on la restituait, déduction faite d'un tiers de la valeur au profit du capteur ; après ce délai, le navire était de bonne prise.

Cette différence est facile à justifier : l'État doit protéger le commerce ; le corsaire s'armait en vue d'un gain. La restitution, lorsque le navire était repris dans les vingt-quatre heures, était d'ailleurs une faveur puisque, d'après le droit des gens, la propriété de l'ennemi passe au capteur. Ce principe, un peu barbare, est vrai pour l'ennemi, s'il est vrai contre lui.

5° *Autorisation de poursuivre les agents du Gouvernement.*

49. Avant 1789, les fonctionnaires publics n'étaient pas soumis, pour le jugement des crimes et délits dont ils étaient accusés, aux règles de droit commun. Dans chaque branche d'administration, ils trouvaient au sein même de cette administration des juges pour les faits relatifs à leurs fonctions.

La garantie proprement dite est formulée pour la première fois dans la loi des 16-24 août 1790, dont l'art. 13 est ainsi conçu : « Les fonctions judiciaires sont distinctes et demeurent toujours séparées des fonctions administratives. Les juges ne pourront, à peine de forfaiture, troubler en quelque manière que ce soit les opérations des corps administratifs pour raison de leurs fonctions. » Cet article consacre la séparation des pouvoirs et l'indépendance de l'administration.

Le décret des 7-14 octobre 1790 s'exprime d'une manière plus formelle : « Aucun administrateur ne peut être traduit devant les tribunaux pour raison de ses fonctions publiques, à moins qu'il n'y ait été renvoyé par l'autorité supérieure. » Ce principe a été reproduit dans l'art. 75 de la constitution de l'an VIII : « Les agents du gouvernement, autres que les ministres ne peuvent être poursuivis, pour des faits relatifs à leurs fonctions, qu'en vertu d'une *décision* du conseil d'État. En ce cas, la poursuite a lieu devant les tribunaux ordinaires. »

Le mot *décision* est improprement employé, car, nous l'avons dit plusieurs fois déjà, le conseil d'État du Consulat et de l'Empire n'avait pas plus de pouvoir propre que celui d'aujourd'hui.

50. La charte de 1814 n'avait pas reproduit la règle de l'art. 75 de la constitution de l'an VIII. On se demanda si la garantie n'avait pas cessé d'exister avec la constitution et le conseil d'État du Consulat et de l'Empire. On répondait qu'une constitution nouvelle n'abroge de la constitution qu'elle remplace que les dispositions politiques, mais que celles qui sont purement administratives survivent à la constitution abrogée. On ajoutait, qu'en admettant d'ailleurs l'abrogation complète de la constitution de l'an VIII, les lois de 1790 qui avaient, les premières, posé le principe de l'art. 75 suffisaient pour maintenir la nécessité de l'autorisation. En fait l'autorisation continua d'être exigée.

En 1830, même silence dans la Charte, même controverse, même solution pratique.

La constitution de 1848 ne contenait aucune disposition relative à cette matière, mais le décret du 30 janvier 1852 a mis fin à la controverse en reproduisant le principe contenu dans l'art. 75 de la constitution de l'an VIII.

51. Demandons-nous maintenant quels individus sont agents du gouvernement. Tout fonctionnaire, tout individu qui reçoit un traitement de l'État est-il agent du gouvernement ? Non.

Les agents du gouvernement sont les individus désignés par le gouvernement pour exercer une portion quelconque d'autorité publique et le représenter officiellement.

Ainsi ne sont pas agents du gouvernement les fonctionnaires chargés de la préparation des travaux dans les administrations.

52. La garantie de l'art. 75 ne couvre pas tous les agents du gouvernement. Ainsi, les préposés de la régie des contributions indirectes peuvent, d'après la loi du 28 avril 1816, être poursuivis sans autorisation. Il en est de même des employés des douanes prévenus d'avoir fait la contrebande ou de l'avoir favorisée (art. 55 de la même loi). Les agents qui percevraient ou feraient percevoir des impôts non votés par le Corps législatif pourraient également être poursuivis sans autorisation.

Pour certains agents l'autorisation du directeur général de leur administration suffit. Dans ce nombre sont :

1º Les agents inférieurs de l'enregistrement et des domaines;

2º Ceux de l'administration des postes ;

3º Les agents forestiers ;

4º Les préposés des douanes ;

Les préfets peuvent autoriser les poursuites dirigées contre les préposés des octrois municipaux.

Les sénateurs, les députés, les conseillers d'État jouissent de prérogatives spéciales. Ils ne peuvent être poursuivis qu'avec l'autorisation des corps auxquels ils appartiennent. Les ministres, sont sous ce rapport, considérés comme conseillers d'État (art. 70 de la constitution de l'an VIII).

La même règle s'applique aux maîtres des requêtes, aux auditeurs, aux conseillers d'État en service extraordinaire ou hors section, car tous sont membres du conseil d'État.

Les membres de l'ordre judiciaire trouvent dans le Code d'instruction criminelle une garantie spéciale.

Les militaires ne sont pas précisément des agents du gouvernement; ils prêtent main-forte, mais n'exercent aucune autorité administrative.

Il en serait autrement d'un général commandant une ville en état de siége, parce qu'il réunit les fonctions administratives au commandement de la force publique.

Les maires sont agents du gouvernement et agents particuliers de la commune. Comme agents du gouvernement, ils jouissent de la garantie, comme agents particuliers de la commune, ils rentrent dans le droit commun ; il importe donc de distinguer en quelle qualité ils ont agi.

On s'est demandé si les conseillers de préfecture étaient garantis. Certains auteurs soutiennent la négative en disant qu'ils ne sont pas administrateurs mais juges administratifs. L'affirmative semble préférable ; rendre la justice administrative n'est-ce pas administrer ?

53. Malgré le silence du texte de la loi, il faut décider que la garantie cesse devant le flagrant délit. Il ne faut pas admettre que le législateur ait voulu permettre au criminel pris sur le fait de se soustraire à un juste châtiment. Mais le coupable une fois arrêté, les poursuites ultérieures sont soumises à la nécessité de l'autorisation.

54. Une condition essentielle de la garantie de l'art. 75, est que le fait, délit ou crime, ait été commis par un agent dans l'exercice de ses fonctions. Ainsi, un garde forestier qui tue un délinquant jouit de la garantie. Il n'en jouirait pas s'il tuait un homme dans un cabaret.

Une observation importante encore, c'est que la loi couvre la fonction plutôt que le fonctionnaire. De ce principe nous tirerons la conséquence que l'agent démissionnaire ou destitué continue de jouir de la garantie de l'art. 75.

Cette doctrine est en opposition avec la jurisprudence de la Cour de cassation.

Suivant un avis du conseil d'État du 16 mars 1807, les comptables infidèles et rétentionnaires de deniers publics peuvent être poursuivis sans autorisation.

Non-seulement les actions criminelles, mais encore les actions civiles ne peuvent être intentées sans autorisation préalable. Les lois de 1789, 1790 et l'art. 75 ne font pas de distinction.

55. La demande en autorisation est adressée au ministre de la justice qui la transmet au conseil d'État, si l'agent appartient à son administration, et au chef hiérarchique de l'agent dans le cas contraire. C'est ce dernier qui la transmet alors au conseil d'État.

La requête doit être précédée d'une plainte au procureur impérial suivant la jurisprudence du conseil d'État; s'il s'agit d'une matière criminelle, une information criminelle est exigée.

56. Demandons-nous maintenant sur quel principe est fondée la garantie administrative? Sur le principe de la séparation des pouvoirs et sur la nécessité d'empêcher des poursuites passionnées et injustes contre un agent qui, la plupart du temps, en froissant l'intérêt des tiers, n'accomplit qu'un devoir. On a soutenu que cette garantie avait sa base dans le principe de responsabilité hiérarchique. Telle ne paraît pas avoir été la pensée du législateur, autrement la première question à examiner serait celle de savoir si le ministre approuve ou désapprouve son subordonné, or, cette question n'est jamais directement soulevée.

§ 3. — Attributions tutélaires.

57. Aux termes du décret du 30 janvier 1852, n⁰ 12, doit être porté à l'assemblée générale du conseil d'État le projet de décret qui a pour objet l'autorisation aux établissements d'utilité publique, aux établissements ecclésiastiques, aux congrégations religieuses, aux communes et départements d'accepter des dons et legs dont la valeur excède 50,000 francs.

Cette matière a été en partie décentralisée par le décret du 25 mars 1852.

Ainsi, l'autorisation de dons et legs aux départements, est

donnée par le préfet, à moins cependant : 1° que la libéralité ne soit grevée de charges ou affectations immobilières ; 2° qu'il n'y ait réclamation de la part de la famille du testateur. Dans ces deux cas, c'est encore le gouvernement qui décide, le conseil d'État entendu.

Les dons faits aux communes, aux hospices et aux établissements de bienfaisance sont autorisés par le préfet, pourvu qu'il n'y ait pas de réclamation de la part de la famille ; le décret ne reproduit pas ici l'exception relative aux charges et affectations immobilières.

Les dons faits aux établissements religieux ne sont pas compris dans le décret sur la décentralisation administrative ; en conséquence, les libéralités qui leur sont faites, continuent d'être autorisées par le gouvernement en conseil d'État. Toutefois, les dons et legs mobiliers, n'excédant pas 300 francs, sont autorisés par les préfets aux termes de l'ordonnance du 2 avril 1817.

Si les dons et legs n'excèdent pas 50,000 fr., l'avis de la section de législation est suffisant.

IIIᵉ Section. — Attributions contentieuses.

Avant de passer aux attributions contentieuses du conseil d'État, nous allons faire connaître son organisation lorsqu'il délibère au contentieux.

58. Les principaux textes relatifs à cette matière, et que nous allons analyser, sont les décrets du 11 juin 1806 et du 25 janvier 1852.

La section du contentieux est chargée de diriger l'instruction écrite et de préparer les rapports des affaires, ainsi que des conflits d'attributions entre l'autorité administrative et l'autorité judiciaire.

Cette section est composée de six conseillers d'État, y

compris le président et du nombre de maîtres des requêtes et d'auditeurs déterminé par le règlement (sept maîtres des requêtes, cinq auditeurs, décret du 28 janvier 1852), elle ne peut délibérer si quatre au moins de ses membres, ayant voix délibérative, ne sont présents.

Les maîtres des requêtes ont voix consultative dans toutes les affaires et voix délibérative dans celles dont ils sont rapporteurs.

Les auditeurs ont voix consultative dans celles dont ils font le rapport.

Les trois maîtres des requêtes désignés par l'empereur pour remplir les fonctions de commissaires du gouvernement, peuvent assister aux délibérations de la section du contentieux.

59. Le rapport des affaires est fait au nom de la section, en séance publique de l'assemblée du conseil d'État délibérant au contentieux.

Cette assemblée se compose: 1° des membres de la section du contentieux; 2° de dix conseillers d'État désignés par l'empereur pris en nombre égal dans chacune des autres sections, renouvelés par moitié tous les deux ans. Elle est présidée par le président de la section du contentieux. Elle ne peut délibérer si onze membres, au moins, ayant voix délibérative, ne sont présents. En cas de partage la voix du président est prépondérante.

Après le rapport, les avocats des parties sont admis à présenter des observations orales. Le commissaire du gouvernement donne ses conclusions dans chaque affaire.

60. Celles pour lesquelles il n'y a pas eu constitution d'avocat, ne sont portées en séance publique que si ce renvoi est demandé par un des conseillers d'État de la section, ou par le commissaire du gouvernement, auquel elles sont préalablement communiquées, et qui donne ses conclusions.

61. Les membres du conseil d'État ne peuvent participer à la délibération relative au recours dirigé contre la décision

d'un ministre, lorsque cette décision a été préparée par une délibération de la section à laquelle ils ont pris part.

Les séances sont publiques mais la délibération ne l'est pas.

62. Le projet de décret est transcrit sur le procès-verbal des délibérations, qui fait mention des noms des membres présents ayant délibéré. L'expédition du projet est signée par le président de la section du contentieux et remise à l'empereur par le président du conseil d'État. Le décret qui intervient est signé par le garde des sceaux, ministre de la justice. Si le décret n'est pas conforme au projet proposé par le conseil d'État, il est inséré au *Moniteur* et au *Bulletin des Lois*. Dans tous les cas, il est lu en séance publique.

63. Le décret organique du 25 janvier 1852 correspond au décret du 11 juin 1806. Mais trois différences notables les distinguent :

1° La publicité des séances;

2° La défense orale;

3° L'intervention du ministère public.

Ces trois garanties dans les matières contentieuses ne datent que de 1831, et le décret du 25 janvier 1852 les a consacrées.

64. *Attributions*. La justice administrative a été qualifiée de *justice retenue*, et celle que rendent les tribunaux judiciaires, de *justice déléguée*.

L'origine de cette distinction remonte à la création des parlements, auxquels les rois avaient délégué le soin de rendre la justice dans les contestations privées, se réservant la justice administrative. Les parlements, quel que fût le degré de puissance qu'ils atteignirent parfois, ne cessèrent pas d'être les mandataires des rois absolus, à la fois législateurs, administrateurs et juges. La dénomination de justice déléguée était exacte alors; mais elle a cessé de l'être aujourd'hui. En effet, déléguer, c'est donner à un autre le droit de faire ce qu'on peut faire soi-même; or, bien que les tribunaux rendent la justice au nom de l'empereur, on ne peut pas soutenir que l'empereur a le droit de la rendre lui-même. Les tribunaux judiciaires ne sont pas les mandataires du pouvoir exécutif, mais de la loi qui les a placés dans des conditions spéciales d'indépendance et de liberté.

Il n'y a donc pas aujourd'hui une justice retenue puisqu'il n'y a pas de justice déléguée : il y a deux justices indépendantes.

Nous avons eu l'occasion de dire que le conseil d'État n'avait pas de pouvoir propre. Cette règle s'applique aux matières contentieuses comme aux matières administratives. Le conseil d'État ne *juge* pas. C'est une différence avec les autres tribunaux administratifs; il donne seulement des *avis* que le chef du gouvernement peut adopter ou rejeter. Sous la constitution de 1848 au contraire, le conseil rendait de véritables jugements. C'est donc par abus de langage qu'il nous arrivera, comme à tous les auteurs, d'employer les mots *jugement*, *décision*, *tribunal*, en parlant du conseil d'État.

Une autre règle importante qu'il convient de rappeler également, c'est que le contentieux suppose la lésion d'un *droit* et non le froissement d'un *intérêt*.

65. Le conseil d'État, considéré comme tribunal administratif, agit tantôt comme tribunal de premier et dernier ressort, tantôt comme tribunal d'appel, tantôt comme tribunal de cassation.

§ 1ᵉʳ. — *Conseil d'Etat considéré comme tribunal de premier et dernier ressort.*

Le conseil d'État, comme tribunal de premier et dernier ressort et comme tribunal d'appel est, suivant nous, *juge de droit commun*. En conséquence toutes les affaires qui ne sont pas spécialement attribuées à d'autres juges administratifs devraient lui être soumises ; mais telle n'est pas l'opinion générale. Certains auteurs accordent la plénitude de juridiction aux conseils de préfecture; nous démontrerons bientôt que ces conseils ne sont que des juges d'exception. Suivant d'autres auteurs, et ces derniers sont d'accord avec la jurisprudence, les juges de droit commun seraient les ministres[1]. Dans l'une et l'autre de ces deux opinions, le conseil d'État est tribunal d'exception de premier et dernier ressort, et tribunal de droit commun pour l'appel. Le principe posé, nous nous contenterons d'examiner trois espèces spécialement attribuées au conseil d'État, comme juge de premier et dernier ressort. La première est relative à la banque de France, la deuxième aux majorats, et la troisième aux conflits.

66. 1° *Compétence relative à la Banque de France.* — Aux termes de l'art. 21 du décret du 22 avril 1806, le conseil d'État connaît, sur le rapport du ministre des finances, des infractions aux lois et règlements qui régissent la Banque de France, et des contestations relatives à sa police et à son administration intérieures.

Le conseil d'État prononce de même définitivement et sans recours, entre la Banque et les membres de son conseil général, ses agents ou employés, toute condamnation civile, y compris les dommages et intérêts, et même soit la destitution, soit la cessation des fonctions.

2° *Majorats.* — Les majorats ont été créés le 1er mars 1808. On en distingue de deux espèces : ceux qui sont fondés avec des biens particuliers et ceux qui ont été constitués avec des biens du domaine extraordinaire.

67. Les majorats de biens particuliers furent interdits, pour l'avenir, par la loi du 12 mai 1835, et la durée de ceux qui e existaient déjà fut réduite à deux degrés, l'institution non comprise.

Les majorats fondés avec des biens du domaine extraordinaire continueront d'être possédés et transmis, car leur consolidation entre les mains des possesseurs aurait pour effet de priver l'État des chances de retour.

68. La loi du 17 janvier 1849 n'est relative, comme celle

1. Voy. p. 19.

de 1835, qu'aux majorats de biens particuliers; elle prononce l'abolition de ceux qui ont été transmis à deux degrés, à partir du premier titulaire, et consolide la propriété des biens entre les mains des individus qui en sont investis; elle décide en outre que pour l'avenir la transmission, limitée à deux degrés, à partir du premier titulaire, n'aura lieu qu'en faveur des appelés déjà nés ou conçus lors de la promulgation de la présente loi.

Le conseil d'État conservera longtemps encore la compétence qu'il tient des décrets des 1er mars 1808 et 4 mai 1809, puisque la loi n'a pas prononcé l'abolition immédiate des majorats.

69. Il résulte des art. 41, 42, 63, 65 et 66 du décret du 1er mars 1808 et des art. 4, 5, 17 et 18 du décret du 4 mai 1809, que le conseil d'État est compétent pour interpréter l'acte d'institution, l'étendue et la valeur des majorats et que les contestations relatives à la propriété, à la jouissance, aux droits des appelés et aux dégradations provenant du fait du grevé appartiennent aux tribunaux civils.

70. 3° *Conflits.* — Nous plaçons les conflits parmi les matières sur lesquelles le conseil d'État statue comme juge de premier et dernier ressort, bien qu'on puisse objecter que les conflits sont plutôt des débats de compétence que des litiges proprement dits. La raison qui nous détermine à nous en occuper maintenant, c'est que les conflits sont instruits et jugés selon les formes voulues pour le contentieux administratif, aux termes du décret du 25 janvier 1852.

71. Un conflit dans le sens le plus large est une lutte de compétence entre deux autorités.

Lorsque cette contradiction existe entre deux autorités de même ordre, c'est-à-dire deux tribunaux de l'ordre judiciaire ou deux tribunaux de l'ordre administratif, on dit qu'il y a *conflit de juridiction.* La dissidence est alors terminée par un *règlement de juges.*

Lorsque la contestation s'élève entre deux tribunaux appartenant à deux autorités différentes, par exemple entre un conseil de préfecture et un tribunal civil de première instance, on dit qu'il y a *conflit d'attributions*. C'est le conflit proprement dit, le seul dont nous ayons à nous occuper ici.

Ce conflit est dit *positif*, lorsque les deux autorités se déclarent compétentes, et *négatif* lorsqu'elles se déclarent incompétentes.

Conflit positif.

72. Avant 1789, les conflits d'attribution n'étaient pas, en général, possibles, puisque les conflits supposent une lutte entre deux autorités et que la justice émanait directement ou par délégation de l'autorité royale seule. Il y avait alors plutôt des règlements de juges que des conflits proprement dits.

Les conflits ne sont survenus qu'à la suite de la séparation des pouvoirs décrétée par l'Assemblée constituante.

La loi du 7 octobre 1790 déféra le règlement des conflits au roi, en conseil des ministres, et au Corps législatif s'il s'élevait des réclamations contre la décision du roi.

La Convention se réserva le jugement des conflits.

Le décret du 21 fructidor an III, art. 27, en confia la connaissance au Directoire.

Le règlement du 5 nivôse an VIII les plaça dans les attributions du conseil d'État.

73. L'arrêté des consuls du 13 brumaire introduisit dans cette matière quelques règles de procédure. Les commissaires du gouvernement près les tribunaux devaient requérir le renvoi devant l'autorité compétente dès qu'ils étaient informés qu'une affaire attribuée par la loi aux autorités administratives était portée devant le tribunal où ils exerçaient leurs fonctions.

Si le tribunal refusait le renvoi, ils devaient sur-le-champ en instruire le préfet du département. Dans les vingt-quatre heures ce fonctionnaire élevait le conflit, et le tribunal devait s'abstenir jusqu'à ce que le conseil d'État eût prononcé.

Les préfets pouvaient élever le conflit indépendamment des commissaires du gouvernement près les tribunaux toutes les fois qu'ils étaient informés qu'un tribunal était saisi d'une affaire dont la décision appartenait à l'autorité administrative; le commissaire du gouvernement était tenu de requérir le renvoi, quelle que fût son opinion sur la compétence.

Ce décret, malgré les améliorations qu'il avait apportées, laissait subsister une assez grande incohérence et beaucoup d'arbitraire. En effet, les conflits étaient instruits tantôt par la section de législation, tantôt par celle de l'intérieur, tantôt par le comité du contentieux. Les délais de leur présentation, de leur transmission et de leur règlement n'étaient pas bien définis. Ils pouvaient être élevés même lorsque le litige était terminé par un jugement passé en force de chose jugée. Un décret du 15 janvier 1813 supprima cet abus. Un autre décret du 6 janvier 1814 décida qu'il faudrait entendre par chose jugée, dans ce cas particulier, un jugement non susceptible d'être attaqué devant la cour de Cassation.

Le décret du 19 janvier 1813 mit l'instruction des conflits dans les attributions du comité du contentieux.

L'ordonnance du 12 décembre 1821 régla quelques points controversés sur la procédure.

74. Celle du 18 décembre 1822 reconnut en faveur du préfet de police, à Paris, le droit d'élever le conflit dans les contestations relatives aux matières placées dans ses attributions.

75. Sous la Restauration, le gouvernement avait abusé des conflits, surtout dans les questions intéressant les droits des électeurs, au point que l'opinion publique en fut vivement émue. Le ministère Martignac jugea prudent de nommer une commission pour préparer une nouvelle législation sur cette matière. C'est à la suite des travaux de cette commission que

fut rendue l'ordonnance du 1er juin 1828, dont l'esprit général est la restriction des conflits, et qui est encore en vigueur. L'ordonnance du 12 mars 1831 leur appliqua les dispositions de l'ordonnance du 2 février précédent sur la publicité des séances.

76. La constitution du 4 novembre 1848 posa dans son art. 89 le principe de la création d'un tribunal des conflits. Aux termes de la loi du 3 mars 1849, les juges de ce tribunal étaient au nombre de huit, non compris le président : quatre conseillers d'État, représentant l'autorité administrative, et quatre conseillers à la cour de Cassation, représentant l'autorité judiciaire. La présidence appartenait au ministre de la justice.

Le tribunal des conflits a cessé d'exister avec le gouvernement républicain.

77. Aujourd'hui les conflits sont jugés par l'empereur en conseil d'État. Les partisans de ce système disent qu'il est rationnel que les conflits soient jugés par l'empereur, puisque c'est de lui qu'émane toute justice, soit par délégation, soit directement; dans le système opposé, on dit que la distinction de la justice déléguée et de la justice retenue a cessé d'être exacte à partir de la révolution de 1789, époque où la séparation des pouvoirs a été écrite dans nos lois, et qu'il ne serait pas moins juste de chercher des moyens pour empêcher les empiètements de l'autorité administrative, que pour empêcher ceux de l'autorité judiciaire. Suivant ce système, la raison voudrait que la connaissance des conflits appartînt à un tribunal spécial et indépendant ou bien à un tribunal mixte, comme celui de 1848.

Quoi qu'il en soit, ce que nous venons de dire est purement théorique, et les conflits, d'après les décrets de 1852, sont jugés par le conseil d'État, ou pour parler plus exactement, par l'empereur, sur l'avis du conseil d'État.

Nous allons voir 1o devant quelles juridictions et dans quels cas le conflit peut être élevé; 2° par quels fonctionnaires et suivant quelles formalités il est élevé; quels sont les effets de l'arrêté de conflit.

78. 1° Devant quelles juridictions et dans quels cas le conflit peut être élevé.

Aux termes de l'art. 1er de l'ordonnance du 1er juin 1828, le conflit d'attributions entre les tribunaux et l'autorité administrative ne sera jamais élevé en matière criminelle. Cet article est absolu, il ne sera pas même possible d'élever le conflit sur des questions préjudicielles. Ainsi l'administration ne pourra pas faire surseoir aux poursuites criminelles exercées contre un comptable, à raison d'un crime commis dans l'exercice de ses fonctions, sous prétexte que ses comptes n'ont pas été apurés.

79. Aux termes de l'art. 2, le conflit peut être élevé en matière de police correctionnelle, mais dans deux cas seulement : 1° lorsque la répression du délit est attribuée par une disposition législative à l'autorité administrative, par exemple en matière de grande voirie; 2° lorsque le jugement à rendre par le tribunal dépendra d'une question préjudicielle dont la connaissance appartiendrait à l'autorité administrative, en vertu d'une disposition législative. Encore, dans ce dernier cas, le conflit ne peut être élevé que sur la question préjudicielle. Ainsi, un individu a pris des matériaux dans une propriété privée; sur les poursuites du propriétaire, il déclare qu'il a agi comme entrepreneur de travaux publics, et qu'il a pris les matériaux dans les lieux désignés par l'autorité. C'est une question préjudicielle, dont le jugement appartiendra à l'autorité administrative.

80. Le conflit ne peut pas être élevé devant le tribunal de commerce et devant les justices de paix, parce qu'une interprétation qui aurait pour effet de multiplier les cas de conflits, serait contraire à l'esprit de l'ordonnance de 1828, qui a été faite pour les restreindre; ensuite parce qu'on ne trouve pas devant ces juridictions l'officier du ministère public chargé de remplir les formalités exigées par la loi.

81. Le conflit ne peut pas davantage être élevé en simple police. Sans doute on trouve là un ministère public, mais ce n'est pas celui que le législateur avait en vue, c'est-à-dire le procureur impérial, et d'ailleurs ce serait encore une extension de l'ordonnance, par interprétation.

82. Le conflit ne peut donc être élevé que devant les tribunaux civils de première instance et devant les cours d'appel.

Pour empêcher le retour d'anciens abus, l'ordonnance décide que le conflit ne pourra jamais être élevé après des jugements rendus en dernier ressort ou acquiescés, ni après des arrêts définitifs, à moins que le tribunal, sans tenir compte de l'arrêté de conflit ne passe outre au jugement de l'affaire. Il ne fallait pas, en effet, que le tribunal eût le moyen d'entraver l'action administrative en se hâtant de juger.

83. 2° Par quels fonctionnaires et suivant quelles formalités le conflit est élevé; effets de l'arrêté de conflit.

Le conflit peut être élevé: 1° par les préfets des départements; 2° par le préfet de police à Paris, dans les affaires qui rentrent dans ses attributions. Dans les autres affaires, le conflit est élevé par le préfet de la Seine; 3° dans les colonies, par les chefs d'administration, et il est jugé par le conseil privé, sauf recours au conseil d'État (ordonnance du 7 février 1827, art. 176 et 177); 4° par les préfets maritimes, mais ce point est controversé. Selon certains auteurs, l'art. 6 de l'ordonnance de 1828, qui porte seulement le mot *préfet*, a désigné le préfet du département; l'art. 8 vient compléter au besoin l'art. 6. C'est la meilleure interprétation, mais la jurisprudence s'est fixée en ce sens que le droit d'élever le conflit appartient aux préfets maritimes dans la sphère de leurs attributions. Les ministres, quoiqu'ils soient les supérieurs hiérarchiques des préfets, ne peuvent élever directement le conflit; l'ordonnance de 1828 accorde trop formellement ce droit aux préfets pour l'étendre aux ministres. La question est d'ailleurs sans intérêt, puisque le préfet sera tenu d'exécuter les ordres du ministre.

Avant l'ordonnance de 1828, les conseils de préfecture prétendaient avoir ce droit qu'ils ne sauraient légalement réclamer aujourd'hui.

84. Le préfet compétent pour élever le conflit, est celui dans le département duquel se trouve le tribunal saisi de l'affaire, car un préfet n'a pas d'autorité hors de son département.

85. Aux termes de l'art. 6 de l'ordonnance de 1828, lorsqu'un préfet estime que la connaissance d'une question portée devant un tribunal de première instance est attribuée par une disposition législative à l'autorité administrative, il peut, alors même que l'administration n'est pas en cause, demander le renvoi de l'affaire devant l'autorité compétente; à cet effet, il adresse au procureur impérial un mémoire dans lequel est rapportée la disposition législative qui attribue à l'administration la connaissance du litige. Le procureur impérial fait connaître au tribunal la demande formée par le préfet, et requiert le renvoi, si la revendication lui paraît fondée. Cette exception d'incompétence avant l'arrêté de conflit a pour but d'éviter des formalités et des lenteurs; car, si le tribunal se déclare incompétent, tout est fini, et les parties n'ont qu'à se pourvoir devant qui de droit, à moins qu'elles n'attaquent par l'appel le jugement par lequel le tribunal se déclare incompétent.

86. Il y a controverse sur le point de savoir si la question de compétence doit être de nouveau soumise au tribunal, dans le cas où il a été appelé à la juger, sur les conclusions d'une partie ou du ministère public, qui n'a pas besoin, pour la soulever, d'attendre l'intervention du préfet. Selon certains auteurs, l'exception d'incompétence ne peut pas être soulevée, ce serait demander au tribunal de se déjuger et manquer, par conséquent, au respect dû à la magistrature. — La jurisprudence

décide, sans s'arrêter à cette objection, que le préfet doit toujours demander préalablement que le tribunal se dessaisisse de l'affaire.

87. Après que le tribunal a statué sur le déclinatoire, le procureur impérial adresse, dans les cinq jours qui suivent le jugement, copie de ses conclusions ou réquisitions, et du jugement rendu sur la compétence. La date de l'envoi est consignée sur un registre à ce destiné. (Art. 7 de l'ordonnance.)

88. Si le déclinatoire est rejeté, le préfet, dans la quinzaine de cet envoi, pour tout délai, s'il estime qu'il y a lieu, pourra élever le conflit; si le déclinatoire est admis et si la partie interjette appel du jugement, le préfet pourra également élever le conflit dans la quinzaine qui suivra la signification de l'acte d'appel.

Le délai n'est pas augmenté à raison des distances; le *dies a quo* ne compte pas.

89. L'acte par lequel le préfet revendique pour l'administration la connaissance de l'affaire se nomme *arrêté de conflit*. Cet acte doit viser le jugement intervenu et l'acte d'appel, s'il y a lieu, et contenir textuellement la disposition législative qui attribue à l'administration la connaissance du point litigieux (art. 9).

Cependant d'après la jurisprudence, il suffit de viser le texte sur lequel est fondée la prétention du préfet. Le législateur avait voulu que le préfet vérifiât son droit texte sous les yeux, la jurisprudence, contrairement à la loi, ne l'exige pas.

Le préfet, après avoir élevé le conflit, doit faire déposer son arrêté et les pièces visées au greffe du tribunal. Il lui est donné récépissé du dépôt sans délai et sans frais.

Il ne peut pas rapporter son arrêté de conflit, car il y a droit acquis au conseil d'État de statuer, de même que le tribunal ne peut pas se déjuger dès qu'il s'est déclaré compétent; en principe, les juges ne peuvent juger que ce qui leur est soumis.

Si dans le délai de quinzaine cet arrêté n'avait pas été déposé au greffe, le conflit ne pourrait plus être élevé devant le tribunal saisi de l'affaire.

Le greffier remet immédiatement l'arrêté au procureur impérial, qui le communique au tribunal réuni dans la chambre du conseil, et requiert, conformément à l'art. 27 de la loi du 21 fructidor an III, qu'il soit sursis à toute procédure judiciaire. Tout jugement rendu par le tribunal malgré l'arrêté de conflit serait considéré comme non avenu. Après cette communication, l'arrêté du préfet et les pièces sont rétablis au greffe où ils restent déposés pendant quinze jours.

Le procureur impérial doit informer le garde des sceaux de l'accomplissement des formalités, et lui transmettre en même temps la citation, les conclusions des parties, le déclinatoire, le jugement de compétence et l'arrêté de conflit, ses propres observations et celles des parties (ordonnance du 12 mars, art. 6, et celle de 1828, art. 14). En cas de refus des parties de remettre leurs pièces, il est passé outre, afin que leur refus de remplir les formalités n'arrête pas le cours de la justice.

90. Aux termes de l'ordonnance de 1828, le conseil d'État devait statuer dans le délai de quarante jours à partir de l'envoi des pièces au ministre de la justice. Ce délai pouvait être prorogé, sur l'avis du conseil d'État et la demande des parties, par le garde des sceaux; dans aucun cas il ne pouvait excéder deux mois.

Ces délais étant devenus insuffisants, par suite de l'introduction de la publicité dans les débats et de l'intervention du ministère public, l'ordonnance du 12 mars 1831 a décidé qu'il serait statué sur le conflit dans le délai de deux mois, à dater de la réception des pièces au ministère de la justice, et que le tribunal pourrait procéder au jugement de l'affaire, s'il n'avait pas reçu, un mois après l'expiration de ce délai, notification de l'ordonnance royale (décret impérial) rendue sur le conflit.

D'après l'ordonnance de 1828, si le conseil d'État n'avait pas statué dans les deux mois, l'arrêté de conflit était nul. L'ordonnance de 1831 dit seulement que le tribunal pourra procéder au jugement de l'affaire. Il semblerait dès lors que le délai n'emporte pas déchéance. Tel n'est pas, je crois, l'esprit de l'ordonnance de 1831, qui n'a en vue que le délai et non la question de déchéance, qui reste toujours sous le coup de l'ordonnance de 1828.

L'ordonnance du 19 juin 1840 a suspendu les délais pendant les vacances du conseil (septembre et octobre).

91. Le conseil d'État, en statuant sur le conflit, peut donner une des deux solutions suivantes :

1° Ou déclarer que le conflit a été mal à propos élevé et renvoyer l'affaire au tribunal saisi ;

2° Ou décider que l'affaire est de la compétence des tribunaux administratifs; alors le tribunal judiciaire est dessaisi.

La procédure devant le conseil d'État en matière de conflit, a lieu sans l'intervention des parties. En conséquence, les avocats qu'elles pourront constituer ne donneront pas de conclusions et seront seulement admis à présenter des observations. Il n'y aura pas de condamnation aux dépens.

Conflit négatif.

92. Il y a conflit négatif lorsque les deux autorités se déclarent incompétentes. Il faut cependant trouver des juges. Quelle est la marche à suivre? Les textes manquent. D'après la doctrine et la jurisprudence, on peut se pourvoir, par voie d'appel, du tribunal inférieur au tribunal supérieur, et même sans suivre cette filière, porter la question directement au conseil d'Etat. L'ordonnance de 1828 n'a pas réglementé le conflit

négatif, parce qu'il n'a pas la gravité du conflit positif. En effet, les deux autorités, loin d'empiéter l'une sur l'autre, se déclarent toutes deux incompétentes.

§ 2. — *Conseil d'État considéré comme tribunal d'appel.*

93. Le conseil d'État connaît de l'appel interjeté :
1° Contre les décisions des ministres ;
2° Contre les arrêtés des conseils de préfecture ;
3° Contre les arrêtés des préfets.
4° Contre les décisions des conseils privés des colonies;
5° Contre les décisions de certaines commissions spéciales.

Nous avons parlé des ministres, nous traiterons des autres autorités administratives comprises dans l'énumération qui précède.

94. Une remarque importante à faire, c'est que le conseil d'État, en appel, peut réduire la peine au-dessous du minimum porté par la loi, par la raison que le véritable juge ce n'est pas le conseil d'État, mais l'empereur qui exerce le droit de grâce en même temps qu'il statue sur un litige administratif.

§ 3. — *Conseil d'État considéré comme cour de Cassation.*

95. Il remplit le rôle de cour de Cassation:
1° En cas de recours pour incompétence ou excès de pouvoir contre toutes les décisions administratives;
2° En cas de recours pour violation des formes et de la loi [1];
3° Dans les questions de compétence qui peuvent s'élever entre les autorités administratives en matière contentieuse [2].

96. Un juge peut excéder ses pouvoirs, en abuser ou en user incompétemment.

1. Loi du 14 octobre 1790.
2. Même loi.

Il ne faut pas confondre l'excès de pouvoir avec l'abus de pouvoir. Un juge excède ses pouvoirs, a dit Henrion de Pansey, lorsque, franchissant les limites de l'autorité judiciaire, il se porte dans le domaine d'un *autre pouvoir.*

Il abuse de son pouvoir lorsqu'il viole la loi ou qu'il prévarique dans l'exercice de ses fonctions.

97. Le conseil d'État, en cas d'incompétence ou d'excès de pouvoir peut être saisi *omisso medio*, c'est-à-dire sans que l'affaire passe du juge inférieur au juge intermédiaire; il peut l'être même dans le silence de la loi. La jurisprudence du conseil, sur ce point, est la consécration de la loi du 14 octobre 1790 et de la constitution du 22 frimaire an viii.

Ce pourvoi concerne aussi bien les actes d'administration pure que les actes contentieux.

98. Le conseil ne peut casser une décision pour violation des formes et de la loi qu'autant que ce droit lui est formellement attribué; l'atteinte portée à l'ordre public étant moins grave, il y a moins d'intérêt à la faire cesser (avis du 21 mars 1822). Ce recours n'existe que contre les décisions en dernier ressort et dans deux cas seulement : lorsque la décision émane de la cour des Comptes, ou d'un conseil de révision.

Lorsque deux autorités administratives sont saisies d'une même affaire, il y a une espèce de *conflit,* en détournant ce mot de son sens technique; le conseil d'État intervient pour le faire cesser. Les textes relatifs à cette matière sont la loi du 14 octobre 1790 et la constitution du 22 frimaire an viii.

99. Peuvent être attaquées devant le conseil d'État considéré comme cour de Cassation, dans les cas indiqués au n° 95 avec la restriction du n° 98 : 1° les décisions des autorités qui jugent en premier ressort et dont l'appel est porté au conseil d'État; 2° celles des autorités qui statuent en premier ressort, et dont l'appel est porté devant une autorité autre que

le conseil d'État; 3° les décisions des autorités qui statuent
en dernier ressort, c'est-à-dire :

100. 1° De la cour des Comptes ;

2° Du conseil supérieur de l'instruction publique ;

3° Des conseils de révision pour l'armée;

4° Des jurys de révision pour la garde nationale;

5° De certaines commissions spéciales.

§ 4. — *Procédure.*

101. Le code de procédure du conseil d'État est le décret du
22 juillet 1806, qui n'est autre chose que la reproduction de
l'ordonnance de 1738 pour la procédure devant le conseil des
parties. Nous allons l'analyser et faire connaître les modifications introduites par les décrets postérieurs.

Ce décret est divisé en quatre titres, le premier est relatif à
l'introduction et à l'instruction des instances; le second aux
incidents qui peuvent survenir pendant l'instruction d'une
affaire; le troisième aux *décisions* du conseil d'État; le quatrième aux avocats et huissiers au conseil;

1° INTRODUCTION ET INSTRUCTION DES INSTANCES.

102. Les instances sont introduites soit à la requête des
particuliers, soit à la requête de l'État.

Instances introduites à la requête des particuliers. —
Il faut entendre le mot *particuliers* par opposition à l'État;
il comprend en conséquence les communes et les personnes
morales autres que l'État.

« Art. 1er. Ce recours des parties au conseil d'État en matière
contentieuse sera formé par *requête signée d'un avocat au
conseil ;* elle contiendra l'exposé sommaire des faits et des
moyens ; les conclusions, les *noms* et demeures des parties,

7

l'énonciation *des pièces dont on entend se servir*, et qui y seront jointes. »

L'instance est introduite par requête, tandis qu'en matière judiciaire ordinaire l'instance est généralement introduite par assignation ; ici l'assignation serait nulle.

Cette requête doit être signée d'un avocat au conseil qui joue, sous certains rapports, le rôle de l'avoué dans la procédure civile.

103. Cependant la constitution d'un avocat n'est pas toujours exigée.

L'État est dispensé de se faire représenter par un avocat.

Les particuliers n'y sont astreints qu'autant qu'il s'agit de matières contentieuses ; les matières administratives en sont exemptes.

Il y a même, en matière contentieuse, des exceptions au principe que les particuliers doivent constituer un avocat ; ainsi :

1° La loi du 21 avril 1832, art. 30, décide que le recours contre les arrêtés du conseil de préfecture, en matière de contributions directes, ne sera soumis qu'aux droits de timbre, et qu'il pourra être transmis au gouvernement par l'intermédiaire du préfet, *sans frais*, par conséquent sans constitution d'avocat ;

2° La loi du 22 juin 1833 décide que le recours au conseil d'État, en matière d'élections déparmentales sera exercé par voie contentieuse, jugé publiquement et *sans frais ;*

3° En matière d'élections municipales. Ce cas n'est pas prévu formellement par la loi, mais la jurisprudence a étendu aux élections municipales, par analogie, le principe de la loi du 22 juin.

La même question s'est présentée pour les réclamations relatives à la garde nationale ; mais le conseil d'État, par une espèce d'inconséquence qu'explique le nombre prodigieux de recours qui aurait pu s'élever, a décidé que la disposition de la loi du 22 juin n'était pas applicable à ces sortes d'affaires.

La nécessité de constituer un avocat empêche souvent les recours pour un intérêt modique.

Notre article n'exige pas la profession du demandeur comme l'art. 61 du C. de proc. civile.

L'accomplissement des formalités prescrites n'est pas exigé à peine de nullité. C'est au conseil à voir quelle est la gravité des omissions.

On peut s'apercevoir, dès à présent, que la procédure administrative est moins rigoureuse que la procédure civile ordinaire. La première, s'il était permis de se servir de cette expression un peu romaine, est de bonne foi; la seconde de droit strict.

L'énonciation des pièces, l'exposé des faits et moyens, peuvent avoir lieu par requête ampliative dans le cours de l'instance. Mais un refus de fournir ce supplément d'instruction aurait infailliblement pour conséquence le rejet du pourvoi.

104. « Art. 2. Les requêtes et en général toutes les productions des parties sont déposées au secrétariat du conseil d'État et inscrites sur un registre suivant leur ordre de date, ainsi que la remise qui en est faite à l'*auditeur* par le *grand juge* pour préparer l'instruction. »

Dans les cas où la remise des pièces est faite par les parties au préfet chargé de les transmettre sans frais au gouvernement, comme en matière d'élections départementales, on s'est demandé si la négligence du préfet à s'acquitter de sa mission dans le délai fixé par l'art. 11 que nous verrons bientôt, pouvait nuire aux réclamants. Le conseil d'État s'est prononcé pour l'affirmative.

Les *auditeurs* ne sont pas seuls chargés des rapports, ce soin est aujourd'hui confié principalement aux conseillers d'État et aux maîtres des requêtes.

Le *grand juge* est remplacé aujourd'hui par le président de la section du contentieux.

105. « Art. 3. Le recours au conseil d'État *n'aura point d'effet suspensif, s'il n'en est autrement ordonné.* Lorsque l'avis de la *commission établie par notre décret du 11 juin dernier,* sera d'accorder le sursis, il en sera fait rapport au conseil d'État qui prononcera. »

Devant les tribunaux ordinaires l'appel est au contraire suspensif, s'il n'en est autrement ordonné (135 et 457 C. proc. civ.). Cette différence vient de ce que les matières administratives sont réputées urgentes.

L'art. 117, de l'ordonnance du 1ᵉʳ août 1827 pour l'application du code forestier, nous présente une exception formelle au principe contenu dans l'article qui nous occupe : « En cas de contestation sur l'état et la possibilité des forêts et le refus d'admettre les animaux au pâturage et au panage dans certains cantons déclarés non défensables, le pourvoi contre les décisions rendues par les conseils de préfecture, en exécution des art. 65 et 67 du Code forestier *aura effet suspensif* jusqu'à la décision rendue par nous en conseil d'État. »

Aujourd'hui le conseil d'État prononce sur l'avis de la section du contentieux qui a remplacé la *commission organisée par le décret du 11 juin* 1806. C'est le conseil qui suspend l'exécution et non l'autorité qui a statué en premier ressort.

106. « Art. 4. *Lorsque la communication aux parties intéressées aura été ordonnée* par le *grand juge* (aujourd'hui par le président de la section du contentieux), elles seront tenues de répondre et de fournir leurs défenses dans les délais suivants : dans quinze jours, si leur demeure est à Paris, ou n'en est pas éloignée de plus de cinq myriamètres ; — dans le mois, si elles demeurent à une distance plus éloignée dans le

ressort de la cour d'appel de Paris ou dans l'un des ressorts
des cours d'appel d'Orléans, Rouen, Amiens, Douai, Nancy,
Metz, Dijon et Bourges; — dans deux mois, pour les ressorts
des autres cours d'appel de France; — et à l'égard des colonies et des pays étrangers, les délais seront réglés ainsi qu'il
appartiendra par l'ordonnance de *soit communiqué*. Ces
délais commenceront à courir à partir de la signification de la
requête à personne ou domicile par le ministère d'un huissier.
Dans les matières provisoires ou urgentes les délais pourront
être abrégés par le *grand juge* (le président de la section du
contentieux). »

Aujourd'hui la communication de la requête au défendeur
est exigée. C'est une conséquence de l'ordonnance du 2 février
1831, qui a introduit la publicité dans les séances du conseil
d'État, en matière contentieuse.

L'ordonnance de *soit communiqué* est ainsi nommée parce
qu'elle commence par ces mots : « soit la présente requête
communiquée, par le premier huissier des lieux, à N... »

Les requêtes sont communiquées par huissier dans notre
espèce, c'est-à-dire lorsque le défendeur est un particulier ou
une personne morale autre que l'État; l'art. 17 règle la notification quand l'État est en cause.

A l'expiration des délais accordés par l'art. 4 au défendeur
pour répondre et fournir ses défenses, il est passé outre au
rapport (art. 29 du décret du 11 juin 1806).

107. « Art. 5. La signature de l'avocat au pied de la requête,
soit en demande, soit en réponse, vaudra constitution et élection de domicile chez lui.

« Art. 6. Le demandeur pourra, dans la quinzaine, après
les défenses fournies, donner une seconde requête; et le défendeur répondra dans la quinzaine suivante. — Il ne pourra y
avoir plus de deux requêtes de la part de chaque partie, y
compris la requête introductive. »

A la différence de ce qui a lieu en procédure civile, le défendeur est admis à fournir une réplique (77 à 81 C. pr. civ.). On avait ajouté cette réplique, sans doute parce que, en 1806, il n'y avait pas de défense orale comme en procédure civile. Depuis l'ordonnance du 2 février 1831, cette seconde défense pourrait être supprimée.

« Art. 7. Lorsque le jugement sera poursuivi contre plusieurs parties, dont les unes auraient fourni leurs défenses et les autres seraient en défaut de les fournir, il sera statué à l'égard de toutes par la même décision. »

Les choses se passent autrement en procédure civile. Aux termes de l'art. 153, si de deux ou de plusieurs parties assignées, l'une fait défaut et l'autre comparaît, le profit du défaut est joint, et le jugement de jonction est signifié à la partie défaillante par un huissier commis. La signification contient assignation au jour auquel la cause est appelée, et c'est seulement alors qu'il est statué par un seul jugement qui n'est pas susceptible d'opposition.

En matière administrative, il n'y a pas de *défaut profit-joint*, la décision est réputée contradictoire à l'égard de toutes les parties. Cette différence vient sans doute de ce que les affaires administratives requièrent célérité.

108. « Art. 8. Les avocats des parties pourront prendre communication des productions de l'instance au secrétariat, sans frais. — Les pièces ne pourront en être déplacées, si ce n'est qu'il y en ait minute ou que la partie y consente.

« Art. 9. Lorsqu'il y aura déplacement de pièces, le récépissé signé de l'avocat portera son obligation de les rendre dans un délai qui ne pourra excéder huit jours; et, ce délai expiré, le *grand juge* (le président de la section du contentieux) pourra condamner personnellement l'avocat en dix francs, au moins, de dommages-intérêts par chaque jour de retard, et même ordonner qu'il sera contraint par corps.

« Art. 10. Dans aucun cas les délais pour fournir ou signifier requête ne seront prolongés par l'effet des communications.

« Art. 11. Le recours au conseil contre la décision d'une autorité qui y ressortit, ne sera pas recevable, après trois mois du jour où cette décision aura été notifiée. »

Ce délai, qui emporte déchéance, est de trois mois francs, d'après la jurisprudence, c'est-à-dire qu'on ne compte ni le *dies a quo* ni le *dies ad quem*. (1033, Code proc. civile.)

109. La notification, qui fait courir le délai de pourvoi, est faite par huissier lorsque la décision est rendue en faveur des particuliers ou de l'État. Dans le premier cas, le ministère de l'huissier est de rigueur; dans le second cas, on s'accorde à décider que la notification administrative, c'est-à-dire par lettres des agents administratifs, est suffisante. Les êtres moraux autres que l'État sont, sous ce rapport, assimilés aux particuliers. La raison de cette différence est fondée, sans doute, sur cette considération que l'État est représenté par des personnes ayant un caractère public.

La notification peut être prouvée : 1° par un récépissé qu'il est prudent d'exiger; 2° par la décision quand on a copié à la suite la lettre d'envoi; 3° par lettres chargées (ce mode est celui qui est employé pour les décisions de la cour des Comptes); 4° et même par un procès-verbal constatant le refus de la partie de donner récépissé.

Le conseil d'État a même décidé que la connaissance de la décision qu'a eue la partie suffit pour faire courir le délai de recours.

C'est au conseil d'État à statuer sur la validité de la notification, mais si la question préjudicielle de domicile se présente, c'est-à-dire si la partie prétend qu'elle n'a pas son domicile dans la commune où la décision lui a été signifiée, cette question rentre dans la compétence des tribunaux ordinaires.

Il y a controverse sur le point de savoir si le délai de trois mois emporte déchéance pour l'appel incident comme pour l'appel principal. Dans la première opinion, on dit que le décret de 1806 ne se suffit pas; qu'il doit être complété par le Code de procédure civile, et que par conséquent il n'y a pas déchéance. Cette opinion est généralement adoptée. Dans la seconde, on soutient que le décret se suffit et que la disposition qui nous occupe est justifiée par la célérité qu'exigent les affaires administratives.

110. « Art. 12. Lorsque sur un semblable pourvoi, fait dans le délai ci-dessus prescrit, *il aura été rendu une ordonnance de soit communiqué*, cette ordonnance devra être signifiée dans le délai de trois mois, sous peine de déchéance.

« Art. 13. Ceux qui demeureront hors de la France continentale auront, outre le délai de trois mois énoncé dans les deux articles ci-dessus, celui qui est régi par l'art. 73 du Code de procédure civile. »

L'art. 14 reconnaît au conseil d'État le droit de procéder aux moyens d'instruction qu'il juge convenable, tels que des enquêtes, des descentes sur les lieux, des vérifications d'écritures, etc.

« Art. 15. Dans tous les cas où les délais ne sont pas fixés par le présent décret, ils seront déterminés par l'*ordonnance du grand juge* (aujourd'hui par le président de la section). »

Affaires contentieuses introduites sur le rapport d'un ministre.

111. Lorsque l'État est en cause, il faut distinguer s'il est demandeur ou défendeur.

L'art. 16 suppose l'État demandeur.

« Art. 16. Dans les affaires contentieuses introduites au conseil d'État sur le rapport d'un ministre, il sera donné, dans la forme administrative ordinaire, avis à la partie intéressée de la remise faite au *grand juge* (aujourd'hui au président de la section du contentieux) des mémoires et pièces fournies par les agents du gouvernement, afin qu'elle puisse prendre communication dans la forme prescrite aux art. 8 et 9 et fournir ses réponses dans le délai du règlement. Le rapport du ministre ne sera pas communiqué. »

Ainsi le gouvernement n'est pas astreint à déposer une requête au secrétariat du conseil, à constituer un avocat, à obtenir une ordonnance de *soit communiqué* et à la faire notifier par huissier à son adversaire.

Avis du pourvoi est donné à l'adversaire dans la forme administrative, c'est-à-dire par lettre.

L'État est dispensé de constituer un avocat, par la même raison qu'il est dispensé de constituer un avoué en matière judiciaire, c'est-à-dire dans un intérêt d'économie.

Le rapport, d'après le décret de 1806, n'était pas communiqué, mais aujourd'hui ce rapport détaillé étant remplacé par une simple lettre, la communication de celle-ci ne présente aucun inconvénient.

112. « Art. 17. Lorsque, dans les affaires où le gouvernement a des intérêts opposés à ceux d'une partie, l'instance est introduite à la requête de cette partie, le dépôt qui sera fait au secrétariat du conseil d'État de la requête et des pièces, vaudra notification aux agents du gouvernement, il en sera de même pour la suite de l'instruction. »

Cet article est relatif au cas où le gouvernement est défendeur. Le dépôt de la requête et des pièces vaut communication. Une ordonnance de *soit communiqué* n'est donc pas nécessaire.

Le point de départ du délai qu'a l'État pour fournir ses réponses n'est pas dans la pratique le jour où le dépôt est fait, mais celui de la date de la lettre par laquelle le président de la section du contentieux prévient le ministre du pourvoi formé contre la décision. On a considéré que le ministre en cause pourrait bien ne pas être averti en temps utile.

Le délai de l'art. 4 est applicable à l'État comme aux particuliers. En conséquence, le conseil peut donner défaut contre le gouvernement après l'expiration de quinzaine à compter de la lettre d'avis.

2° INCIDENTS QUI PEUVENT SURVENIR PENDANT L'INSTRUCTION
D'UNE AFFAIRE.

§ 1er. — Des demandes incidentes.

113. « Art. 18. Les demandes incidentes seront formées par une requête sommaire déposée au secrétariat du conseil ; le grand, juge (le président de la section du contentieux) en ordonnera, *s'il y a lieu*, la communication à la partie intéressée, pour y répondre dans les trois jours de la signification, ou autre bref délai qui sera déterminé. »

La communication a cessé d'être facultative.

« Art. 19. Les demandes incidentes seront jointes au principal pour y être statué par la même décision. S'il y a lieu, néanmoins, à quelque disposition provisoire et urgente, le rapport en sera fait par *l'auditeur* à la première séance de la *commission*, pour y être pourvu par le conseil ainsi qu'il appartiendra. »

Cet article est conçu dans un but de célérité.

§ 2. — De l'inscription de faux.

114. « Art. 20. Dans le cas d'une demande en inscription de faux contre une pièce produite, *le grand juge* (président de la section du contentieux) fixera le délai dans lequel la partie qui l'a produite sera tenue de déclarer si elle entend s'en servir. Si la partie ne satisfait pas à cette ordonnance, ou si elle déclare qu'elle n'entend pas se servir de la pièce, cette

pièce sera rejetée. Si la partie fait la déclaration qu'elle entend se servir de la pièce, le conseil d'État statuera, sur l'avis de la *commission* (la section du contentieux), soit en ordonnant qu'il sera sursis à la décision de l'instance principale jusque après le jugement du faux par le tribunal compétent, soit en prononçant la décision définitive si elle ne dépend pas de la pièce arguée de faux. »

Ainsi le conseil d'État ne statue pas lui-même sur la question de faux; il renvoie le jugement de cette exception aux tribunaux judiciaires. Mais s'il juge que la décision définitive ne dépend pas de la pièce arguée de faux, il statue sur le fond, les droits du demandeur en faux réservés.

§ 3. — *De l'Intervention.*

115. « Art. 21. L'intervention sera formée par requête; *le grand juge* ordonnera, *s'il y a lieu,* que cette requête soit communiquée aux parties pour y répondre dans le délai qui sera fixé par l'ordonnance; néanmoins, la décision de l'affaire principale qui sera instruite ne pourra être retardée par une intervention. »

La communication est maintenant nécessaire.

Il suffit pour que la demande en intervention soit recevable que l'intervenant ait intérêt. La loi ne distingue pas entre le cas où le conseil joue le rôle de juge de première instance et celui de juge d'appel. On n'applique pas l'art. 464 du Code de procédure civile qui exige que l'intervenant en appel ait le droit de former tierce opposition.

§ 4. — *Des Reprises d'instance et constitution de nouvel avocat.*

116. « Art. 22. Dans les affaires qui ne *seront pas en état d'être jugées,* la procédure sera suspendue par la notification du décès de l'une des parties, ou par le seul fait du décès, de la démission, de l'interdiction ou de la destitution de son avocat. Cette suspension durera jusqu'à la mise en demeure pour reprendre l'instance ou constituer avocat. »

« Art. 23. Dans aucun des cas énoncés dans l'article précédent, la décision d'une affaire ne sera différée. »

« Art. 24. L'acte de révocation d'un avocat par sa partie est sans effet pour la partie adverse, s'il ne contient pas la constitution d'un nouvel avocat. »

Une affaire est en état, suivant l'article 343 du C. de procédure civile, lorsque les conclusions ont été contradictoirement prises à l'audience. L'instruction se faisant par écrit et les avocats au conseil d'État ne posant pas de conclusions à l'audience, la règle de l'art. 343 ne peut pas être appliquée. Mais on peut dire que l'affaire est en état quand l'instruction est complète.

La notification du décès de l'avocat, de sa démission, de sa destitution ou de son interdiction n'est pas nécessaire, parce que ces faits sont connus au conseil d'État.

§ 5. — Du Désaveu.

117. « Art. 25. Si une partie veut former un désaveu relativement à des actes ou procédures faits en son nom ailleurs qu'au conseil d'État, et qui peuvent influer sur la décision de la cause qui y est portée, sa demande devra être communiquée aux autres parties. Si le grand juge estime que le désaveu mérite d'être instruit, il renverra l'instruction et le jugement devant les juges compétents, pour y être statué dans le délai qui sera réglé. A l'expiration de ce délai, il sera passé outre au rapport de l'affaire principale sur le vu du jugement du désaveu, ou faute de le rapporter. »

« Art. 26. Si le désaveu est relatif à des actes ou procédures faits au conseil d'État, il sera procédé contre l'avocat sommairement et dans les délais fixés par le grand juge. »

Ainsi le conseil d'État statue sur le désaveu lorsque l'acte désavoué a été fait au conseil d'État.

S'il a été fait ailleurs qu'au conseil d'État, le renvoi devant le tribunal compétent peut être ordonné.

118. Nous avons dans le Code de procédure civile trois incidents, que le décret que nous analysons passe sous silence : la *récusation*, la *péremption* et le *désistement*. Il y a controverse sur la question de savoir si le décret, sous ce rapport, doit être complété par le Code de procédure civile.

La péremption, c'est-à-dire l'anéantissement de la procédure par la discontinuation des poursuites pendant trois ans ordinairement doit être rejetée, je crois, par cette seule raison qu'elle est une peine, et qu'il est de principe que les lois qui établissent des peines doivent être interprétées restrictivement. Nous ferons observer cependant que la péremption serait complétement dans l'esprit du règlement, puisqu'elle contribuerait à la célérité de la procédure.

Quant à la récusation, on a dit qu'elle n'était pas admissible devant le conseil d'État, par la raison que le conseil d'État n'est pas un tribunal, que ce corps donne des avis seulement, et que le seul juge est le chef du gouvernement qui les convertit en décret.

Sans doute, en droit, le conseil d'État ne donne que des avis; mais, en fait, on peut dire que ces avis sont des jugements, puisqu'ils sont toujours adoptés. Les conseillers d'État sont donc en réalité des juges, et, comme tels, accessibles, comme tous les hommes, aux faiblesses qui ont leur cause dans l'intérêt personnel, la prévention, la haine ou l'amitié.

L'article 22 du décret du 25 janvier 1852, nous donne un puissant argument à l'appui de la doctrine que nous adoptons : « Les membres du conseil d'État ne peuvent participer aux délibérations relatives aux recours dirigés contre la décision d'un ministre, lorsque cette décision a été préparée par une délibération de la section du contentieux à laquelle ils ont pris part. » La prévention est, dans ce cas, une cause de récusation, et cependant il ne s'agit ici que de la moins forte des influences qui peuvent agir sur l'esprit du juge.

Mais il va sans dire que l'art. 368 du C. de procédure, relatif au renvoi à un autre tribunal, pour parenté ou alliance, ne sera pas appliqué par la raison que le conseil d'État est unique en France.

Le désistement est admis par la jurisprudence; il n'existe aucune raison pour l'exclure.

3° DES DÉCISIONS DU CONSEIL D'ÉTAT. — VOIES DE RECOURS.

119. « Art. 27. Les *décisions* du conseil contiendront les noms et qualités des parties, leurs conclusions et le vu des pièces principales. »

Le mot *décisions* est impropre. Nous avons vu que le conseil d'État ne donne que des avis.

Le visa des pièces est utile en cas de requête civile (art. 32).

« Art. 28. Elles ne seront mises à exécution contre une partie, qu'après avoir été préalablement signifiées à l'avocat au conseil qui aura occupé pour elle.

Les voies de recours contre les *décisions* du conseil d'État sont : 1° l'opposition; 2° la requête civile; 3° la tierce opposition.

§ 1er. — *De l'Opposition aux décisions rendues par défaut.*

120. « Art. 29. Les *décisions* du conseil d'État rendues par défaut sont susceptibles d'opposition. Cette opposition ne sera point suspensive, à moins qu'il n'en soit autrement ordonné. Elle devra être formée dans le délai de trois mois à compter du jour où la décision par défaut aura été notifiée. Après ce délai l'opposition ne sera plus recevable. »

La partie qui a été condamnée sans avoir produit de défense peut former opposition. Le Code de procédure reconnaît deux espèces d'opposition, l'une dite opposition faute de comparaître ou contre partie, et l'autre, opposition faute de conclure ou contre avoué.

Le décret sur la procédure devant le conseil d'État ne fait pas cette distinction. Tous les défauts sont contre partie.

En matière judiciaire l'opposition suspend en général l'exécution du jugement ; en matière administrative c'est la règle contraire qui a été admise dans un but de célérité.

Le délai de l'opposition est de trois mois à compter de la décision par défaut. Ce délai paraît bien long, si l'on considère qu'un principe dominant est la célérité dans les affaires administratives.

La notification dont il s'agit dans cet article se fait conformément à la règle que nous avons examinée plus haut : notification administrative lorsqu'elle est faite par l'État ; notification par huissier lorsqu'elle est faite par les particuliers ou les êtres moraux qui leur sont assimilés.

120. « Art. 30. Si la *commission* (la section du contentieux), est d'avis que l'opposition doive être reçue, elle fera son rapport au conseil, qui remettra, s'il y a lieu, les parties dans le même état où elles étaient auparavant. La décision, qui aura admis l'opposition, sera signifiée, dans la huitaine à compter du jour de la décision, à l'avocat de l'autre partie. »

Cet article est conforme au système du rejet immédiat des requêtes, mais aujourd'hui que la publicité des audiences existe, il semble contraire à l'esprit de la législation d'admettre cette décision sur la recevabilité de l'opposition sans entendre le demandeur.

121. « Art. 31. L'opposition d'une partie défaillante à une décision rendue contradictoirement à une autre partie ayant le même intérêt, ne sera pas recevable. »

On ne suit pas ici la règle tracée par l'art. 153 du Code de procédure civile. La décision est contradictoire sans réassignation. Cette manière de procéder est très-expéditive.

§ 2. — *Du Recours contre les décisions contradictoires.— De la Requête
civile.*

122. « Art. 32. Défenses sont faites sous peine d'amende, et
même en cas de récidive, sous peine de suspension et même
de destitution , aux avocats en notre conseil, de présenter
requête en recours contre une décision contradictoire, si ce
n'est en deux cas : si la requête a été rendue sur pièces
fausses, si la partie a été condamnée faute de représenter une
pièce décisive qui était retenue par son adversaire. »

Il y a loin de ces ouvertures à requête civile au grand nombre que nous trouvons en matière judiciaire dans l'art. 480 du
Code de procédure civile.

A ces deux causes de requête civile, s'en joint une troisième
que nous trouvons dans l'art. 20 du décret du 30 janvier 1852,
qui n'est lui-même que la reproduction de l'art. 25 de la loi
du 19 juillet 1845 : « Le procès-verbal des séances mentionne
l'accomplissement des dispositions des art. 17, 18, 19, 20, 21,
22, 23 et 24 du décret organique du 25 janvier. Dans le cas où
ces dispositions n'ont pas été observées, le décret qui intervient peut être l'objet d'un recours en révision, lequel est
introduit dans les formes de l'art. 34 du règlement du 22 juillet 1806. » (Voir ces art.)

Le taux de l'amende encourue par les avocats qui contre-
viennent aux dispositions de l'art. 32 n'est pas fixé par la loi.

Ce même article n'admet la requête civile que contre
les *décisions contradictoires;* l'article 480 du Code de procédure civile l'admet aussi contre les jugements par défaut
en dernier ressort et qui ne sont plus susceptibles d'opposition. On a essayé de justifier cette différence [1].

____

1. Voir le remarquable *Traité de la Compétence des Tribunaux administratifs,* par M. Serrigny.

« Est-il vrai, écrit M. Trolley, qui ne veut pas voir une contradiction entre ces deux articles, que les arrêts par défaut
devenus définitifs, ne puissent être attaqués, si plus tard le faux
est reconnu ou si l'on découvre des pièces décisives que l'adversaire retenait indûment? Nous ne le pensons pas : 1º ce système serait profondément immoral; 2º il serait contraire à
l'art. 480 du Code de procédure civile, qui doit toujours interpréter le décret du 22 juillet 1806; 3º il reposerait sur une
fausse supposition. Un jugement par défaut, après les délais
de l'opposition est assimilé à un jugement contradictoire;
enfin, il nous semble que l'art. 32 ne dit pas ce qu'on lui fait
dire; il défend aux avocats au conseil de présenter requête
en recours contre une décision contradictoire, si ce n'est
dans deux cas. Pourquoi une décision *contradictoire?* parce
que si la décision est par défaut, le recours est autorisé par
l'art. 29. Mais quand les délais de l'opposition sont expirés,
on rentre alors dans le texte et l'esprit de l'art. 32. » Nous
avons rapporté tout au long l'explication de M. Trolley,
parce qu'il n'est pas possible de donner d'une manière plus
claire et plus vraie le sens de l'art. 32 du décret qui nous
occupe.

Nous trouvons un troisième moyen de recours contre les
décisions du conseil d'État dans l'art. 20 du décret du 30 janvier 1852, d'après lequel le décret rendu à la suite d'un avis
du conseil, pour lequel les formes n'ont pas été observées, est
susceptible d'un recours en *révision*.

123. « Art. 33. Ce recours devra être formé dans le même
délai et admis de la même manière que l'opposition à une
décision par défaut. »

Le délai ne court que du jour de la découverte du faux ou
des pièces décisives.

124. « Art. 34. Lorsque le recours contre une décision con-

tradictoire aura été admis dans le cours de l'année où elle avait
été rendue, la communication sera faite soit au défendeur,
soit au domicile de l'avocat qui a occupé pour lui, et qui sera
tenu d'occuper sur ce recours, sans qu'il soit besoin d'un
nouveau pouvoir. »

« Art. 35. [Si le recours n'a été admis qu'après l'année
depuis la décision, la communication sera faite aux parties à
personne ou domicile, pour y fournir réponse dans le délai
du règlement. »

On suppose que dans l'année de la décision, l'avocat est
encore détenteur des pièces; mais après ce délai, on présume
que toutes relations ont cessé entre l'avocat et son client.

« Art. 36. Lorsqu'il aura été statué sur un premier recours
contre une décision contradictoire, un second recours contre
la même décision ne sera pas recevable; l'avocat qui aura
présenté la requête sera puni de l'une des peines énoncées
dans l'art. 32. »

§ 3. — *De la Tierce Opposition.*

125. « Art. 37. Ceux qui voudront s'opposer à des décisions
du conseil d'État, rendues en matière contentieuse, et lors
desquelles ni eux ni ceux qu'ils représentent n'ont été appelés,
ne pourront former leur opposition que par requête, *en la
forme ordinaire;* et, sur le dépôt qui en sera fait au secrétariat du conseil, il sera procédé conformément aux dispositions du titre Ier. »

En la forme ordinaire, c'est-à-dire comme la requête introductive d'instance.

126. « Art. 38. La partie qui succombera dans sa tierce
opposition, sera condamnée en 150 francs d'amende, sans pré-
judice des dommages-intérêts, s'il y a lieu. »

L'intention du législateur a été de mettre par l'amende, un frein à l'abus des tierces oppositions.

L'art. 39 déclare que les art. 34 et 35, concernant les décisions contradictoires, sont communs à la tierce opposition.

L'art. 40 est relatif à un cas de recours contre une décision non contentieuse :

127. « Art. 40. Lorsqu'une personne se croira lésée dans ses droits ou sa propriété, par l'effet d'une *decision* de notre conseil d'État rendue en matière non contentieuse, elle pourra nous présenter une requête pour, sur le rapport qui nous en sera fait, être l'affaire envoyée, *s'il y a lieu, soit à une section du conseil d'État, soit à une commission.*»

Ce renvoi est facultatif, puisqu'il ne s'agit pas d'une affaire contentieuse.

§ 4. — Des Dépens.

128. « Art. 41. En attendant qu'il soit fait un nouveau tarif des dépens et statué sur la manière dont il sera procédé à leur liquidation, on suivra provisoirement les règlements antérieurs relatifs aux avocats au conseil et qui sont applicables aux procédures ci-dessus. »

Cet article renvoie au règlement de d'Aguesseau de 1738. Le tarif actuel est celui de 1826.

L'art. 42 n'alloue aucuns frais de voyages, séjour ou retour des parties, ni aucuns frais de voyage d'huissier au delà d'une journée.

Aux termes de l'art. 43, la liquidation et la taxe des dépens sont faites par un maître des requêtes, sauf révision par le *grand juge*, aujourd'hui par le président de la section du contentieux.

129. C'est une question vivement agitée que celle de savoir si l'État peut être condamné aux dépens. Sous l'empire de la

loi de 1845, la jurisprudence n'admettait de condamnation aux dépens ni en faveur de l'État, ni contre lui.

D'après la loi de 1849, l'État pouvait être condamné aux dépens. C'était l'application du droit commun. Elle avait considéré que si l'État est exposé à avoir de nombreux procès, il n'en doit pas avoir de mauvais. Mais la loi de 1849 a été abrogée et la question a été agitée de nouveau; la jurisprudence s'est fixée en ce sens que l'État ne doit pas être condamné aux dépens.

4° AVOCATS ET HUISSIERS AU CONSEIL.

§ 1er. — *Des Avocats au Conseil.*

130. Les avocats au conseil d'État, qui sont en même temps avocats à la Cour de cassation, ont le droit exclusif de faire tous actes d'instruction et de procédure en matière contentieuse. Ils remplissent seuls les fonctions que remplissent des avoués et les avocats devant les tribuaux judiciaires.

§ 2. — *Des Huissiers au Conseil.*

131. Ils sont chargés des significations d'avocat à avocat, et aux parties ayant leur demeure à Paris.

Nous allons nous occuper maintenant des tribunaux administratifs qui jugent en dernier ressort, autres que le Conseil d'État qui a fait l'objet du titre III.

TITRE IV

Cour des Comptes

NOTIONS HISTORIQUES

1. La cour des Comptes a son origine dans les anciennes *chambres* des comptes auxquelles, chaque année, les comptables des deniers publics étaient obligés de rendre compte de leur gestion. Ces chambres faisaient partie de l'ancien Conseil du roi dont elles furent détachées, comme les parlements sous le règne de Philippe le Bel. Une ordonnance de Louis XI nous fait connaître l'importance et la variété des attributions de celle de Paris [1]. En 1789 il y avait en France, soit à Paris, soit dans les provinces, dix chambres des comptes.

Un décret du 11 septembre 1790 décida qu'elles seraient supprimées aussitôt qu'il aurait été pourvu à un nouveau régime de comptabilité.

Le 22 décembre 1790, l'Assemblée décréta qu'elle vérifierait elle-même les comptes de la nation. Un bureau de comptabilité composé de quinze membres, pris dans le sein de l'Assemblée, fut établi en vertu d'un décret du 19 septembre 1791.

Sous la Convention, ce système subit quelques modifications, mais le soin d'apurer et arrêter les comptes continua d'appartenir à la représentation nationale.

La constitution de l'an III établit la publicité des comptes arrêtés par la commission de comptabilité.

---

1. « Une cour souveraine, principale, première, seule et singulière, du dernier ressort en tout fait des comptes et finances, l'arche et le repositoire des titres et enseignements de la couronne et du secret de l'État, gardienne de la régale et conservatrice des droits et domaines du Roi. » (Ordonnance du 28 février 1464.)

2. Enfin la cour des Comptes fut créée par la loi du 16 septembre 1807 et organisée par le décret du 28 du même mois.

Telles sont les bases sur lesquelles repose la cour des Comptes encore aujourd'hui.

Par un décret du 2 mai 1848, le gouvernement provisoire, dans un but d'économie, avait cru devoir réduire le personnel de la cour, mais ce décret a été abrogé par un nouveau décret du 15 janvier 1852, de sorte que la cour des Comptes se trouve ramenée à l'organisation de 1807.

Ire Section. — Organisation de la cour des Comptes.

3. La cour des Comptes est composée d'un premier président, de trois présidents, de dix-huit conseillers-maîtres des comptes, de quatre-vingts conseillers référendaires, dix-huit de première classe et soixante-deux de deuxième classe, d'un procureur-général et d'un greffier en chef.

Les conseillers-maîtres sont divisés en trois sections qui portent le nom de chambres, composées chacune de six conseillers et d'un président; le premier président a la faculté de présider l'une ou l'autre de ces chambres.

Les décisions sont prises à la majorité des voix, et, en cas de partage, la voix du président est prépondérante. Chaque chambre ne peut juger qu'autant que cinq de ses membres, au moins, sont présents.

4. Les référendaires sont chargés de faire les rapports sans être attachés spécialement à aucune chambre. Le président leur fait la distribution des comptes à vérifier.

5. Les membres de la cour des Comptes sont inamovibles, comme les membres des tribunaux judiciaires. C'est ce qui a porté certains auteurs à soutenir que la cour des Comptes n'appartenait pas à la classe des tribunaux administratifs, mais à celle des tribunaux judiciaires. Le doute n'est pas pos-

sible, je crois ; ce qui distingue le pouvoir judiciaire du pouvoir
administratif, c'est avant tout la nature même de ses attributions ; l'inamovibilité n'est qu'une garantie, en faveur du judi-
ciable, qui se conçoit aussi bien dans l'ordre administratif que
dans l'ordre judiciaire. Les attributions de la cour sont administratives évidemment ; il s'agit de la vérification des comptes
d'une catégorie de fonctionnaires publics ou d'agents des
communes et établissements de bienfaisance. Ajoutons que
cette cour est sous la surveillance du ministre des finances et
non du ministre de la justice, comme les tribunaux judiciaires, et que ses arrêts sont déférés en cassation au conseil
d'État et non à la cour suprême judiciaire.

IIe Section. — Attributions, instruction des affaires, arrêts et moyens
de recours.

6. La cour des Comptes est un tribunal unique et souve-
rain.

Ses attributions sont administratives et politiques.

Elle exerce des attributions administratives lorsqu'elle vérifie et juge les comptes.

Elle exerce des fonctions politiques lorsqu'elle se fait
l'auxiliaire du Corps législatif par ses *déclarations* et lorsqu'elle adresse au chef de l'État son rapport annuel.

7. Notre système de comptabilité repose sur la distinction
entre l'ordonnateur et le comptable ou payeur.

L'ordonnateur est celui qui délivre l'ordre de payer.

Le comptable est celui qui effectue le paiement.

La cour n'a pas de juridiction sur les ordonnateurs et ne
peut refuser aux payeurs l'allocation des paiements faits par
eux sur des ordonnances revêtues des formalités prescrites et
accompagnées des acquits et pièces que l'ordonnateur y a fait
joindre.

8. On distingue deux espèces de comptables : les *comptables*

en deniers et les *comptables en matières.* Les premiers ont le maniement direct ou par délégation des fonds qui composent le trésor public proprement dit. Les seconds ont l'administration de cette partie de la fortune nationale qui consiste en matières, et qui est déposée dans les magasins et arsenaux de l'État.

La cour des Comptes n'a pas de juridiction sur les comptables en matières, elle a seulement un droit de contrôle; elle constate l'existence ou la non-existence du matériel, son transport d'un lieu à un autre, son changement de destination, ses transformations, etc.

9. Mais elle exerce sa juridiction sur les comptables *en deniers*, au nombre desquels se trouvent les receveurs généraux, dont les comptes comprennent ceux des receveurs particuliers et des percepteurs dont ils sont responsables, les receveurs des impôts indirects, les payeurs, le caissier central du Trésor, les directeurs des monnaies, le caissier général des invalides de la marine, les économes des lycées impériaux, l'agent responsable des virements de comptes, l'agent comptable du grand-livre, le caissier de la caisse d'amortissement et des dépôts et consignations, etc., etc.

Les comptables sont tenus de déposer leurs comptes au greffe de la cour dans les délais prescrits par les lois et règlements.

Le référendaire chargé d'un compte doit procéder lui-même à sa vérification. Son rapport est remis à un conseiller-maître qui l'examine à son tour et qui s'assure si la vérification a été faite par le référendaire lui-même. Les conseillers maîtres et les référendaires ne peuvent être chargés deux ans de suite de la vérification des comptes du même comptable.

10. Le ministère public agit par voie de réquisition comme en matière judiciaire ordinaire. Il peut se faire communiquer les comptes, faire ses observations, requérir la prononciation des peines contre les comptables en retard, etc. Il exerce sa

surveillance sur la direction et la marche du service et correspond avec le ministre des finances.

Le jugement est prononcé après le rapport du conseiller-maître, le ministère public entendu.

11. Le comptable peut avoir une des trois positions suivantes :

1° Être *quitte.*

2° Être en *avance.*

3° Être en *débet.*

Dans les deux premiers cas la cour prononce sa décharge, dans le troisième elle le condamne.

Le comptable quoique déclaré en *avance,* n'est pas définitivement créancier de l'État, le ministre peut encore opposer la déchéance dans les cas déterminés par la loi.

Les arrêts de la cour des Comptes sont exécutés à la requête du ministre des finances. Ils emportent hypothèque.

12. Les voies de recours sont l'opposition, la révision et la cassation.

Il n'est pas fait mention de l'opposition dans les lois relatives à la matière qui nous occupe. Mais les arrêts de la cour des Comptes, n'étant pas rendus contradictoirement, ne sont-ils pas toujours susceptibles d'opposition? Non. Ces arrêts, s'ils ne sont pas contradictoires, sont considérés comme tels. Les conseillers-maîtres jugent sur documents fournis par les justiciables, et au besoin le référendaire chargé de la vérification et la cour peuvent se faire transmettre par le comptable les renseignements qu'ils ne trouvent pas dans les pièces déposées. Mais alors les arrêts ne seront-ils pas toujours inattaquables? Non, il faudra considérer comme rendus par défaut les arrêts rendus sans instruction suffisante.

13. La révision est un des moyens indiqués par la loi pour attaquer les arrêts de la cour. Aux termes de l'art. 14 de la loi du 16 septembre 1807, la cour des Comptes, nonobstant l'arrêt qui aurait jugé définitivement un compte, peut pro-

céder à la révision, soit sur la demande du comptable, appuyée de pièces justificatives, recouvrées depuis l'arrêt, soit d'office, soit à la réquisition du procureur général, pour erreur, omission, faux ou double emploi, reconnus par la vérification d'autres comptes.

14. La cassation est le deuxième moyen formellement prévu par se pourvoir contre les arrêts de la cour des Comptes. Ce pourvoi est porté devant le conseil d'État.

Les arrêts sont attaquables en cassation pour incompétence ou excès de pouvoir, et pour violation des formes et de la loi, aux termes de l'art. 17 de la loi du 16 septembre 1807. Ce pourvoi peut être formé soit par le comptable soit par le ministre que le compte intéresse. Le délai est de trois mois à partir de la notification. Si l'arrêt est cassé, l'affaire est renvoyée devant une chambre autre que celle qui l'a rendu. S'il arrivait qu'un ou plusieurs membres de cette chambre eussent participé au premier jugement, ils seraient remplacés par d'autres, suivant l'ordre de nomination.

15. L'appel n'est pas, en général, possible. La cour juge en premier et dernier ressort. Elle est tribunal d'appel dans un cas cependant, c'est lorsqu'il s'agit de la vérification des comptes des communes et des établissements de bienfaisance dont les revenus n'excèdent pas 30,000 francs. Les comptes sont alors vérifiés et jugés par le conseil de préfecture, et l'appel formé contre ses arrêtés sont déférés à la cour des Comptes.

16. La tierce opposition est toujours impossible par la raison que la cour des Comptes n'ayant pas de juridiction à l'égard des tiers, ses arrêts ne peuvent ni leur profiter ni leur nuire.

La requête civile n'est pas indiquée spécialement, mais elle est suppléée par la révision.

17. La cour prononce sur les demandes en radiations d'hypothèques pour ce qui concerne les comptes apurés et pour

lesquels les comptables ont reçu leur décharge. Elle prononce également sur les demandes en translation et réduction d'hypothèque formées par les comptables encore en exercice, ou par ceux qui ne sont plus en fonctions et dont les comptes ne sont pas définitivement apurés.

18. Mais elle n'a pas de juridiction criminelle sur les comptables. Si elle trouve des faux ou concussions dans l'examen des comptes, elle en avertit le ministre des finances, qui transmet les renseignements au ministre de la justice, et c'est ce dernier qui fait procéder aux informations et poursuites devant les tribunaux judiciaires. C'est une différence avec les anciennes chambres des comptes, qui statuaient elles-mêmes sur les questions criminelles qu'elles rencontraient dans l'exercice de leurs fonctions.

19. Elle ne peut pas davantage statuer sur les questions préjudicielles qui peuvent être soulevées à l'occasion des comptes. Ainsi un comptable est mort débiteur de l'État. Ses parents contestent la qualité d'héritier qu'on leur attribue. Cette question est jugée par les tribunaux ordinaires. L'ordonnance de Roussillon de 1563, ne permettait pas aux héritiers des comptables, à moins qu'ils ne fussent mineurs, d'accepter leurs successions sous bénéfice d'inventaire. Mais l'art. 774 du Code Napoléon donne à *tout héritier* le droit d'accepter une succession sous bénéfice d'inventaire.

20. Aux termes de l'art. 22 de l'ordonnance du 14 septembre 1822, la Cour des comptes est chargée de constater et de vérifier d'après le relevé des comptes individuels et les pièces justificatives que doivent lui produire les comptables, l'exactitude des comptes généraux publiés par le ministre des finances et par chaque ministre ordonnateur.

Elle prononce, en séance publique et solennelle, deux *déclarations* annuelles de *conformité*, la première attestant l'accord du compte des finances d'année avec les résumés généraux des comptes partiels par nature de service, et avec les arrêts prononcés sur les comptes individuels des comptables ; la seconde attestant l'accord du compte d'*exercice* avec les mêmes termes de comparaison.

Elle constate ainsi la conformité des comptes qu'elle vérifie avec ceux qui sont présentés au Corps législatif dont elle devient l'auxiliaire.

21. De plus, la cour est chargée par la loi du 16 septembre 1807 de présenter un rapport à l'empereur, chaque année, pour lui faire connaître le résultat général de ses travaux, ses vues de réforme et d'amélioration.

TITRE V

Conseil supérieur de l'instruction publique.

NOTIONS HISTORIQUES.

1. La loi du 10 mai 1806 posa le principe du monopole de l'enseignement par l'État : « Art. 1er. Il sera formé sous le nom d'université impériale un corps chargé exclusivement de l'enseignement et de l'éducation publique dans tout l'empire. »

Le décret du 17 mars 1808 développa le principe de la loi du 10 mai 1806. C'est le décret organique de l'université impériale. Le décret du 15 novembre 1811 vint le compléter.

2. L'université fut placée sous deux autorités distinctes : le *grand-maître* et le *conseil de l'université*. Au premier appartint *l'action* principalement, au second la *délibération*, et dans certaines mesures *l'action* elle-même.

Le grand-maître était nommé par l'Empereur ; aux termes de l'art. 50 du décret du 17 mars 1808, il *gouvernait*. Il nommait aux emplois, aux chaires des colléges et des lycées; il nommait les officiers des académies et de l'université; il délivrait les diplômes; il proposait au conseil la discussion des règlements pour les écoles de divers degrés. Il convoquait et présidait le conseil, etc. Après le grand-maître, dans l'ordre hiérarchique, venaient le chancelier et le trésorier de l'université.

Le décret du 17 mars 1808 avait placé à côté du grand-maître le conseil de l'université composé de trente conseillers: dix à vie, et vingt désignés pour un an par le grand-maître. Ce conseil s'occupait du perfectionnement des études, de la police des écoles, de la comptabilité et de la discipline. Ses fonctions étaient administratives et contentieuses. Il s'assemblait deux fois par semaine, et plus souvent si le grand-maître le jugeait nécessaire.

Il avait deux sortes de juridiction : juridiction disciplinaire et juridiction en matière de comptabilité.

Il exerçait sa juridiction disciplinaire, comme tribunal d'appel, sur le recours contre les décisions des conseils académiques, ou directement sur la plainte ou la demande portée devant lui.

3. L'université, mise au nombre des personnes morales, pouvait acquérir; le décret du 17 mars 1808, art. 137, lui avait attribué 400,000 fr. de rente sur le grand-livre, à titre d'apanage, et le décret du 11 décembre de la même année lui avait concédé la jouissance de certains biens ayant appartenu aux anciennes universités.

Le conseil ne jugeait pas en dernier ressort; ses décisions pouvaient, aux termes du décret de 1808, être attaquées devant le conseil d'État.

Un décret de 1810 vint restreindre le droit d'appel. En matière disciplinaire, sa décision était définitive, à moins qu'il n'eût prononcé la radiation du tableau de l'université. Sa décision était alors susceptible d'être attaquée devant le conseil d'État.

Une ordonnance du 17 février 1815 désorganisa l'université de l'Empire. Un décret impérial du 30 mars 1815 la rétablit.

4. Une seconde ordonnance du 15 août 1815, au retour des Bourbons, maintint cette fois l'université, mais les pouvoirs qu'avaient auparavant le grand-maître et le conseil de l'université furent attribués à une *commission de l'instruction publique*. Cette commission reçut le titre de *conseil de l'université*, en vertu de l'ordonnance du 1er novembre 1820.

L'ordonnance du 1er juin 1822 rétablit la charge de grand-maître. Ce haut fonctionnaire fut en même temps ministre de l'instruction publique.

5. En vertu de la loi du 24 mai 1834, l'université a cessé d'avoir sa caisse générale, et son administration financière spéciale est allée faire partie de l'administration centrale du trésor. Les lycées ont conservé leurs caisses particulières sous le contrôle de l'administration et de la cour des Comptes.

6. L'ordonnance du 7 décembre 1845 est un retour au décret du 17 mars 1808 en ce qui concerne le conseil de l'université. « Art. 1er. Le conseil de l'université reprend sa constitution telle qu'elle est établie au décret organique du 17 mars 1808. Il s'appelle *conseil royal de l'université.* » Ce conseil se compose de membres amovibles et de membres inamovibles.

7. La constitution du 4 novembre 1848 posa le principe de la liberté de l'enseignement, et la loi du 15 novembre 1850 vint le développer.

Le monopole cesse, l'enseignement devient libre. « Aujourd'hui, disait le rapporteur de la loi, sous l'empire du droit exclusif de l'État, en matière d'enseignement, l'université repose sur cette idée fondamentale que l'instruction et l'éducation publiques appartiennent à l'État. L'université est donc, si l'on veut, l'État enseignant. Nul ne peut lui disputer cette prérogative, puisque nul ne peut enseigner hors de son sein ou sans son autorisation. Lorsque la liberté régnera, quand la concurrence contre les écoles de l'État sera légale et encouragée, l'État, gardien des droits et des intérêts communs, ne pourra plus s'identifier avec ces écoles. S'il continue d'entretenir des établissements d'instruction publique, ce sera pour soutenir et non pour écraser la concurrence, afin de contribuer selon ses vues à l'amélioration générale de l'enseignement; mais il ne défendra pas les droits de ses propres établissements avec plus de chaleur qu'il ne défendrait ceux des établissements libres, car il doit aux uns et aux autres un égal intérêt, puisqu'il a changé sa fonction d'instituteur unique de la nation contre celle de surveillant et de protecteur de quiconque entreprend, au nom de la loi, de distribuer à la jeunesse le bienfait de l'instruction. »

8. L'art. 14 de la loi décide que « les propriétés immobilières et les revenus fonciers qui appartenaient à l'université feront retour au domaine de l'État; que la rente 5 p. 100 de 523,000 francs, inscrite au nom de l'université, est annulée et sera rayée du grand livre de la dette publique. » Elle perd aussi le droit d'acquérir à titre onéreux ou gratuit: en un mot, elle cesse d'être une personne civile. Mais les établissements d'instruction publique, aux termes de l'art. 15 de la même loi, continuent de pouvoir acquérir ou posséder, sous les conditions déterminées par les lois.

9. Nous n'avons à nous occuper, quant à présent, de la loi de 1850 qu'en ce qui concerne le conseil supérieur de l'instruction publique. Ce conseil était ainsi composé :

Le ministre président;

4 archevêques ou évêques élus, par leurs collègues;

1 ministre de l'Église réformée, élu par les consistoires;

1 ministre de l'Église de la Confession d'Augsbourg, élu par les consistoires;

1 membre du consistoire central israélite, élu par ses collègues;

3 conseillers d'État, élus par leurs collègues;

3 membres de la cour de Cassation, élus par leurs collègues;

3 membres de l'Institut, élus en assemblée générale de l'Institut;

8 membres nommés par le président de la République en conseil des ministres et choisis parmi les anciens membres du conseil de l'université, les inspecteurs généraux ou supérieurs, les recteurs et les professeurs des facultés; ces 8 membres forment une section permanente;

Et 3 membres de l'enseignement libre, nommés par le président de la République, sur la proposition du ministre de l'instruction publique.

Ire SECTION. — Organisation.

10. Le décret du 9 mars 1852 a prononcé l'abolition de ce conseil et l'a remplacé par un autre, dont les membres sont nommés pour un an et peuvent être révoqués par le chef du gouvernement, et qui est composé de :

3 membres du Sénat;

3 membres du conseil d'État;

5 archevêques ou évêques;

3 membres des cultes non catholiques;

3 membres de la cour de Cassation;

5 membres de l'Institut;

8 inspecteurs généraux;

2 membres de l'enseignement libre.

Il est présidé par le ministre de l'instruction publique.

Il n'y a plus de section permanente.

Le décret du 7 août 1850, qui a supprimé la dotation de l'université, a mis fin à la juridiction du conseil en matière de comptabilité.

IIᵉ Section. — Attributions.

11. Ses attributions sont réglées par la loi du 15 mars 1850. Il prononce en dernier ressort sur les affaires contentieuses relatives à l'obtention des grades, aux concours devant les facultés, à l'ouverture des écoles libres, aux droits des maîtres particuliers et à l'exercice du droit d'enseigner; en cas d'opposition formée par le recteur, le préfet ou le procureur impérial à l'ouverture d'établissements libres d'instruction publique; sur le recours contre les décisions des conseils académiques portant interdiction d'exercer comme instituteurs libres ou chefs d'établissements, par les membres de l'enseignement supérieur révoqués par l'Empereur, et par les membres de l'enseignement secondaire révoqués par le ministre de l'instruction publique; contre les décisions des conseils académiques dans les cas énoncés dans les art. 30, 33, 50, 55, 57 et 68 de la loi du 15 mars 1850.

Les décisions du conseil supérieur ne peuvent être attaquées devant le conseil d'État que pour incompétence ou excès de pouvoir (art. 5, 14 et 64 de la loi du 15 mars 1850, et décret du 9 mars 1852).

TITRE VI

Jurys de révision pour la garde nationale.

1. Les dispositions législatives qui gouvernent cette matière sont : les lois du 22 mars 1831, du 19 avril 1832, du 13 juin 1851, le règlement du 5 septembre 1851 et le décret du 11 janvier 1852.

Les jurys de révision statuent en dernier ressort sur les recours portés devant eux contre les décisions des conseils de recensement.

Il y a un jury de révision par chaque canton, composé de quatre membres nommés par le sous-préfet qui en a la présidence. (Art. 10 du décret du 11 janvier 1852.)

2. A Paris, le jury de révision, institué à l'état-major général, est présidé par le chef de l'état-major, à son défaut par un lieutenant-colonel d'état-major et composé de :

4 chefs de bataillon ;

2 chefs d'escadron d'état-major ;

2 capitaines d'état – major ;

1 chef d'escadron, rapporteur ;

1 capitaine rapporteur adjoint ;

1 capitaine, secrétaire ;

1 lieutenant, secrétaire adjoint.

Le rapporteur exerce près du jury de révision les fonctions du ministère public. Il adresse au préfet les décisions qu'il croit susceptibles d'être attaquées en conseil d'État.

Le décret du 11 janvier 1852 ne règle pas les attributions des conseils de révision; elles ne cessent d'être régies par conséquent par les lois antérieures.

3. Il résulte des art. 20 et 34 de la loi de 1851, que le jury de révision connaît, en appel, des décisions des conseils de recensement qui statuent sur l'inscription et la répartition dans les compagnies, mais que ces conseils statuent en dernier ressort sur les admissions dans les armes spéciales.

De ce que les jurys de révision sont des tribunaux d'appel, il faut tirer la conséquence qu'il ne peuvent connaître *de plano* des contestations qui rentrent dans leur compétence.

4. Les questions d'extranéité et de domicile sont soumises en appel à ces conseils, au lieu d'être renvoyées devant les tribunaux ordinaires, comme s'il s'agissait du recrutement pour l'armée. La jurisprudence a considéré que cette question ne présentait pas, dans la circonstance, toute la gravité qu'elle a quand il s'agissait de la composition de l'armée. Du reste, la

décision du conseil ne peut être invoquée par le réclamant ni contre lui hors de la question jugée ; aux termes de l'art. 10 de la loi du 5 septembre 1851, la récusation des jurés est admissible comme devant les tribunaux civils.

5. Les décisions sont motivées et les séances sont publiques.

Elles peuvent être attaquées devant le conseil d'État pour incompétence, excès de pouvoir ou violation de la loi, ou pour cause de contrariété de décisions (loi de 1851, art. 30. Circulaire du ministre de l'intérieur du 12 octobre 1851).

Le recours au conseil d'État n'est pas suspensif.

TITRE VII

Conseils de révision pour le recrutement de l'armée.

1. L'armée se recrute par les engagements volontaires et principalement par l'appel. (Art. 1er de la loi du 21 mars 1832.) .

2. Les réclamations auxquelles les opérations du recrutement peuvent donner lieu sont jugées par les conseils de révision. Ces conseils sont composés :

1o Du préfet, président ; à son défaut du conseiller de préfecture qu'il délègue ;

2o D'un conseiller de préfecture ;

3° D'un membre du conseil général ;

4° D'un membre du conseil d'arrondissement, tous trois désignés par le préfet ;

5° D'un officier général ou supérieur désigné par le chef de l'État.

Un membre de l'intendance militaire assiste aux opérations du conseil de révision, il est entendu toutes les fois qu'il le demande, et peut faire consigner ses observations au registre des déliberations.

Les sous-préfets peuvent également y assister avec voix consultative.

Le conseil se transporte dans les différents cantons.

3. Il prononce en dernier ressort et en séance publique sur les exemptions, les exclusions, les déductions, les substitutions de numéros, les remplacements et sur les réclamations auxquelles les opérations du recrutement peuvent donner lieu.

Les exemptions ne doivent pas être confondues avec les déductions.

L'exemption se fait au détriment du canton. L'exempté ne compte pas.

La déduction, au contraire, est comptée au profit du canton; ainsi un jeune homme qui s'est engagé avant le tirage au sort est compris dans le contingent que doit fournir le canton.

Aucune décision n'est valable, si quatre membres au moins n'y ont concouru et si elle n'a passé à la majorité de trois voix. L'officier général ou supérieur, membre du conseil, doit toujours être présent à la délibération.

4. S'il s'élève une question d'État, si un individu se prétend étranger et par conséquent illégalement classé parmi les jeunes gens aptes au service militaire, cette question préjudicielle est jugée par les tribunaux civils, mais le conseil ne suspend pas ses opérations; il passe au numéro suivant, la question restant réservée.

Nous avons dit que le conseil de révision jugeait en dernier ressort.

5. Ses décisions ne sont pas attaquables par voie d'opposition. Mais elles peuvent être déférées au conseil d'État pour incompétence et excès de pouvoir.

ADMINISTRATION DÉPARTEMENTALE.

NOTIONS HISTORIQUES.

1. Lorsque survint la révolution de 1789 la France était divisée, dans l'ordre administratif, en trente-trois sections nommées *généralités*, gouvernées par des *intendants*.

Ces fonctionnaires avaient des pouvoirs plus ou moins étendus, suivant qu'ils administraient des *pays d'États* ou des *pays d'élections*.

Les *pays d'États* étaient ceux qui avaient le droit de nommer des députés pour le vote et la répartition de l'impôt; de là les *États provinciaux*, espèce d'*États généraux* de province.

Les *pays d'élections* étaient ceux dans lesquels les impôts étaient décrétés par le roi et répartis, avant le règne de Charles VII, par les *élus* du peuple. De là le nom de *pays d'élections*, qui est resté même à une époque où les répartiteurs de l'impôt furent nommés par le Roi.

Les *pays d'États* comprenaient six provinces et environ le tiers des habitants de la France.

2. Mais ces divisions n'étaient pas les seules : il y avait encore les *gouvernements* dans l'ordre militaire, les *diocèses* dans l'ordre ecclésiastique, les *provinces* dans l'ordre politique, les *ressorts de parlements* dans l'ordre judiciaire, etc. Une grande complication, beaucoup d'arbitraire dans toutes ces divisions et dans les attributions des intendants étaient des vices qui devaient attirer l'attention de la Constituante. Une nouvelle et meilleure organisation fut le résultat de la loi du 22 décembre 1789.

Les anciennes divisions supprimées firent place aux départements et aux arrondissements. Les communes furent conservées.

Les noms des anciennes provinces eux-mêmes furent remplacés par d'autres. Ces noms rappelaient trop souvent l'antagonisme entre les membres du même corps. « Bientôt, dit M. Macarel, avec beaucoup d'éloquence, l'Assemblée nationale fit disparaître à jamais les noms mêmes des anciennes provinces, qui ne rappelaient que priviléges, inégalité, divisions, et, cherchant les dénominations des départements dans les mers qui les bordent, les fleuves qui les arrosent, les montagnes qui les traversent, elle essaya de redoubler le sentiment national, qui attache chaque homme au lieu de sa naissance, en lui présentant sans cesse les monuments et les bienfaits de la nature, particuliers au sol qui l'a vu naître; elle étendit les liens de la fraternité, en offrant partout et à tous l'idée de la terre, leur nourrice commune... Elle abolit les dénominations de *Normands*, *Bretons*, *Gascons*, *Provençaux*, *Bourguignons*, *Alsaciens*, et les réunit sous l'unique et honorable nom de Français. »

3. La formation du département eut une triple base : la *population*, l'*étendue territoriale* et l'*importance des contributions*. On ne pouvait prendre pour base unique l'étendue territoriale sans s'exposer à avoir des départements sans commerce, sans industrie, sans chef-lieu d'une certaine importance.

La division qui aurait été basée sur la population seule aurait été variable; à chaque recensement on aurait été exposé à opérer des modifications. Certains départements n'auraient eu d'ailleurs une population égale à celle des autres qu'à la condition d'une étendue considérable, de sorte que les administrés se seraient trouvés trop éloignés des administrateurs, et que l'action du Gouvernement n'aurait pas eu la promptitude nécessaire.

Les contributions ne présentaient pas une base meilleure

que la population. Il y avait injustice à faire meilleure la condition des contrées que la nature a faites plus riches.

On ne prit donc aucune de ces trois bases séparément, et on les prit toutes trois ensemble, en les combinant dans des proportions convenables. C'est ainsi que fut créée la division moderne de France, qui fut en même temps la division politique et administrative.

On forma 83 départements auxquels, par suite des conquêtes de la république et de l'empire, on en ajouta plusieurs autres, pour la plupart détachés de la France à la chute de l'empire.

Aujourd'hui on en compte 89 avec les trois départements de l'Algérie.

4. La Constituante pourvut de suite à l'administration des départements et districts (ou arrondissements) qu'elle avait créés ainsi qu'à l'administration des communes.

L'administration départementale, composée de trente-six membres, fut divisée en *conseil* et en *directoire*.

Le directoire, composé de huit membres choisis dans le sein de l'assemblée départementale et par elle-même, avait l'*administration active*. Le *conseil*, formé de la réunion de tous les membres, avait l'*administration consultative*. Il ne tenait qu'une session annuelle. Le directoire était permanent.

Alors comme aujourd'hui l'*action* et la *délibération* étaient séparées.

Un procureur général syndic fut chargé du soin des intérêts du département et de la *suite* des affaires sous les ordres du directoire. Il assistait aux séances du conseil avec voix consultative.

Tous ces magistrats étaient nommés par les électeurs qui nommaient les députés.

Les districts avaient une administration analogue et subordonnée à celle des départements.

5. L'administration municipale fut composée d'un maire

et d'un conseil. Les anciens noms d'*hôtels de ville, mairies, échevinats, consulats*, etc., firent place à la nouvelle et unique dénomination de *municipalité*. Les administrations municipales ayant toutes les mêmes prérogatives devaient toutes avoir le même nom.

Le district avait son procureur syndic comme le département son procureur général syndic et la municipalité son procureur de commune.

L'idée de la nouvelle division, on peut le dire, fut celle de l'Assemblée constituante entière; Sieyès l'exposa le premier.

Mirabeau proposait de donner encore moins d'étendue au département et de ne pas admettre la subdivision des districts. Sa proposition fut rejetée. On craignit, en voulant éviter les inconvénients des grandes divisions, de tomber dans l'excès contraire. On a agité souvent, depuis, la question de savoir s'il ne conviendrait pas de supprimer la subdivision des arrondissements pour simplifier les rouages de l'administration. Les rapports directs entre les préfets et les maires auraient lieu pour le moins avec autant de célérité qu'avec l'intermédiaire des sous-préfets.

6. La constitution de l'an III réunit l'action et la délibération. L'administration départementale fut composée de cinq membres, nommés par les électeurs. Un commissaire nommé par les directeurs chargés du pouvoir exécutif veillait à l'exécution des lois près des administrations départementales. Le gouvernement avait le droit de suspendre et de révoquer les membres du directoire de département.

Les districts furent supprimés et les *cantons* furent créés.

7. Vint la loi du 28 pluviôse an VIII, qui introduisit dans l'administration départementale des changements profonds. Cette loi est la base du système actuellement en vigueur.

Les divisions administratives sont les mêmes que sous la Constituante.

Les cantons font place aux districts, sans disparaître toutefois complétement. Ainsi nous avons encore un juge de paix par canton; les conseils de révision se réunissent au chef-lieu de canton.

Sous l'empire de la loi du 28 pluviôse, les fonctions qui appartenaient aux administrations et aux commissaires de département appartiennent aux *préfets*, aux *conseils de préfecture* et aux *conseils généraux*.

Le préfet est chargé de l'administration active.

L'*action* et la *délibération* sont distinctes comme sous la Constituante, mais on applique la fameuse maxime : *délibérer est le fait de plusieurs, agir est le fait d'un seul.*

Au conseil de préfecture appartient le contentieux; au conseil général la répartition des contributions directes entre les arrondissements ainsi que la délibération sur les intérêts du département.

Dans l'arrondissement il y a un sous-préfet et un conseil d'arrondissement.

Une administration particulière est établie pour la ville de Paris.

Telle est en substance la nouvelle organisation départementale. Nous donnerons de plus grands développements en examinant successivement les *préfets*, les *conseils de préfecture*, les *conseils généraux*, les *sous-préfets*, les *conseils d'arrondissement*, les *maires*, les *conseils municipaux* et l'administration spéciale des départements de la Seine et du Rhône.

8. Disons de suite, pour n'avoir pas à y revenir, que le département est une *personne morale ou civile;* qu'il peut, en conséquence, recevoir des dons et legs; qu'il a un budget; qu'il peut être propriétaire, débiteur, créancier, etc.

A sa formation il n'était qu'une division administrative, sans personnalité; à cette époque de suppression des personnes morales qui avaient exercé une trop grande influence par leurs richesses, on ne devait pas songer à en former de nouvelles. Mais en 1811, un décret impérial fit des concessions d'immeubles, d'édifices surtout, aux départements et *aux arron-dissements.*

Lors de la discussion de la loi de 1838 sur les conseils géné-raux, l'existence civile des départements fut reconnue, mais celle des arrondissements ne le fut pas.

9. Les biens des départements sont mobiliers et immobi-liers. Les immeubles consacrés à des services publics forment la portion la plus importante de leur fortune, leurs biens patri-moniaux sont peu considérables, sans doute parce que les départements sont de création récente et qu'ils n'ont pas eu le temps encore de s'enrichir et surtout parce que les libéra-lités sont faites généralement de préférence aux communes.

Il a son budget, tandis que, sous l'empire de la loi du 22 dé-cembre 1789, ses dépenses étaient à la charge de l'État, quoi-qu'elles fussent ordonnées par les administrations de départe-ment. Ce n'était là qu'un mandat, comme le fait remarquer M. Vivien dans son rapport sur la loi du 10 mai 1838, et non un budget proprement dit.

10. Les dépenses départementales sont de quatre espèces :

1° Les dépenses *ordinaires,* auxquelles il est pourvu prin-cipalement au moyen des *centimes additionnels généraux.*

2° Les dépenses *facultatives,* qui sont couvertes au moyen des *centimes facultatifs.*

3° Les dépenses *extraordinaires,* qui donnent lieu aux cen-times extraordinaires.

4° Les dépenses spéciales, qui impliquent les centimes *additionnels spéciaux.*

L'arrondissement n'étant qu'une section administrative sans personnalité n'a pas de budget.

Une autre ressource des départements est le *fonds com-mun,* qui est réparti entre les départements. C'est un moyen de venir au secours des départements pauvres.

11. Quant à l'existence civile des communes, elle est an-cienne et n'a pas cessé d'exister même sous la Constituante.

L'assemblée, loin d'avoir de la prévention contre elles, leur étaient favorable. Aux communes en effet se rattachait de vieux souvenirs de liberté : « Pourrions-nous, disait Héraut de Séchelles, en réponse à Condorcet qui proposait la réorganisation des communes, pourrions-nous ne pas conserver les municipalités? Ce serait une ingratitude envers la révolution et un crime contre la liberté. »

Les biens des communes sont patrimoniaux ou affectés à des services publics.

Le produit des biens patrimoniaux des communes dépasse 25 millions, tandis que celui des biens des départements n'est que de 400,000 francs environ.

12. Le régime politique et administratif de la France moderne est celui de la *centralisation*.

La France politique et administrative est *une*, ses différentes parties sont cohérentes, homogènes, indivisibles. Les départements, quoique personnes morales ne sont, pour ainsi dire, que des sections administratives et non des états dans l'État. Le système de la centralisation politique est généralement accepté; mais celui de la centralisation administrative a ses partisans et ses adversaires. M. de Cormenin les a défendus avec une puissance de raison invincible, dans l'introduction de son *Traité de Droit administratif* [1]. La décen-

---

1. « La centralisation, c'est l'unité dans le territoire, la législation et le gouvernement....

« C'est grâce à la centralisation que les routes, dans la traversée des départements, s'entre-croisent, se joignent et suivent les lignes les plus droites, les plus populeuses, les mieux réparables, les moins coûteuses.

« C'est grâce à elle qu'il règne dans la comptabilité des plus petites communes un ordre admirable.

« C'est grâce à elle que le pouvoir législatif n'autorise pas de très-grandes villes à grever leur avenir par des emprunts ruineux....

« C'est grâce à elle que la nourriture, la salubrité, la sûreté, la gestion intérieure, disciplinaire, religieuse et morale des prisons n'est pas abandonnée aux capricieuses directions de chaque autorité locale.

« C'est grâce à elle que nous avons eu l'uniformité de l'impôt, l'admis-

tralisation est je crois, à tort, réclamée comme la sauvegarde de la liberté ; l'histoire nous prouve que tous les régimes peuvent s'en accommoder.

« La centralisation a servi, dit M. de Cormenin, tous les pouvoirs : sous la féodalité, l'aristocratie ; sous les rois, la monarchie ; sous la Convention , l'égalité ; sous le consulat, l'ordre civil ; sous l'empire, le despotisme ; sous la restauration , le gouvernement ministériel ; » sous la monarchie de 1830, une demi-liberté ; sous la seconde république, la liberté sans entraves.

Ses adversaires [1] lui reprochent de faciliter les révolutions. Dès que le pouvoir tombe , disent-ils, tout l'édifice gouvernemental tombe avec lui. On peut répondre que la décentralisation favoriserait la guerre civile, à la chute des gouvernements.

Que ferait la commune réduite à ses propres ressources? Quels travaux serait-elle capable d'entreprendre? Que gagnerait-elle en liberté? Tyrannie pour tyrannie, celle d'un gouvernement central est encore moins à craindre que celle d'un maire de village qui se constituerait souvent en petit despote dans sa commune.

De la décentralisation admisnistrative, on arrive à la décentralisation politique; de celle-ci à la dislocation, à la guerre civile, la distance n'est pas grande.

Mais si la décentralisation politique et administrative doit être repoussée d'une manière absolue, une espèce de décentralisation, celle des *affaires,* est bonne dans certaines limites.

sibilité de tous les Français aux emplois, la communauté des codes, des juridictions et des peines, la libre circulation des personnes et des denrées, l'abolition de la féodalité, des castes et des corporations, des priviléges d'états et des monopoles provinciaux, le reculement des douanes intérieures, et, pour tout dire, l'égalité de tous devant la loi.

« C'est grâce à elle, enfin, qu'il n'y a plus de grands et petits vassaux. Non, il n'y a plus sur cette terre libre que des citoyens ..... »

1. M. Béchard, *Abus de la centralisation.*

DROIT ADMINISTRATIF

PAR M. CHANTAGREL

RÉPÉTITEUR EN DROIT

Un volume in-8°. — Prix : 8 francs

———

L'auteur s'est proposé pour but l'aplanissement des difficultés que rencontrent depuis quelques années MM. les étudiants pour la préparation de leur examen sur le droit administratif.

Cette publication, suspendue pendant trois mois par un procès qu'une transaction vient de terminer honorablement pour les parties, reprend son cours et ne sera pas interrompue.

La première livraison est en vente. Elle comprend : l'*Empereur*, les *Ministres*, le *Conseil d'État*, les *Conflits*, la *Cour des Comptes*, le *Conseil supérieur de l'instruction publique*, les *Jurys de révision pour la Garde nationale*, les *Conseils de révision pour l'armée*, et une partie de l'*Administration départementale*.

La deuxième et dernière livraison paraîtra en décembre. On peut, en en faisant la demande, recevoir les feuilles à mesure qu'elles sortent de l'imprimerie.

L'ouvrage se trouve :

CHEZ L'AUTEUR	CHEZ JULES MASSON
Rue St-Honoré, 191	Libraire, rue de l'Ancienne-Comédie, 26

———

PARIS. — IMPRIMERIE DE J. CLAYE, RUE SAINT-BENOÎT, 7.

1856

La deuxième et dernière livraison sera envoyée sans frais aux personnes qui auront payé 8 fr. pour l'ouvrage entier.

DU MÊME AUTEUR

POUR PARAÎTRE LE 15 JUILLET PROCHAIN (1856)

RÉPERTOIRE

DES

LOIS, DÉCRETS ET ORDONNANCES

Grand in-4° à trois colonnes, deux forts volumes.

Cet Ouvrage contiendra, dans un ordre méthodique et alphabétique, le texte des lois, décrets et ordonnances en vigueur ou abrogés, depuis 1789 jusqu'en 1856, et les ordonnances antérieures à la Révolution qui sont encore en vigueur. On y trouvera les textes dont on aura besoin aussi facilement qu'un mot dans un dictionnaire. C'est le bulletin des lois dans un ordre rationnel. Ainsi toutes les lois qui concernent l'enregistrement, le conseil d'État, l'administration des forêts, etc., se trouvent par ordre chronologique sous les mots : *Enregistrement*, *Conseil d'État*, *Forêts*, etc.

L'auteur a cru devoir comprendre dans son recueil les lois abrogées, parce qu'elles sont souvent la base des lois en vigueur, et la clef des difficultés qu'elles présentent.

On peut recevoir l'Ouvrage par livraisons. Le Souscripteur fixe lui-même l'intervalle des envois.

ON PEUT SOUSCRIRE A VOLONTÉ A :

40 livraisons à 2 francs.	10 livraisons à 8 francs.
20 livraisons à 4 francs.	L'ouvrage entier, 80 francs.

IMPRIMERIE DE J. CLAYE, RUE SAINT-BENOIT, 7.

www.ingramcontent.com/pod-product-compliance
Ingram Content Group UK Ltd.
Pitfield, Milton Keynes, MK11 3LW, UK
UKHW021726090726
13657UKWH00002B/541